Miguel Ángel Galán Jiménez

El huerto fácil

Manual de horticultura en casa

Miguel Ángel Galán Jiménez

El huerto fácil

Manual de horticultura en casa

Primera edición: enero de 2016

Estilo de Vida Ecológico • Editorial Arcopress
Directora editorial: Isabel Blasco
Diseño, maquetación y documentación gráfica:
Fernando de Miguel

Imprime: Lince Artes Gráficas
ISBN: 978-84-16002-49-8
Depósito Legal: CO-2137-2015
Hecho e impreso en España - *Made and printed in Spain*

MIXTO
Papel procedente de fuentes responsables
FSC® C120701

Quiero dar las gracias a todos los que han contribuido a que este libro sea una realidad, a Ana por acompañarme siempre, a mi hermana Virginia por su constante ayuda, a mi padre, a Álex y María por compartir sus conocimientos y a Isabel y Fernando por dar cuerpo a esta idea. Un agradecimiento especial a toda mi familia, de la que siempre recibo apoyo y cariño en cada empresa que acometo.

Índice

¿Por qué cultivar?

...un huerto casero

La vida urbana ha apartado al ser humano del contacto con la naturaleza, y las ciudades se han convertido en una constante fuente de estrés para muchas personas. Estamos rodeados de polución ambiental y de contaminación lumínica y acústica. Contar con un pequeño espacio en el que cultivar nuestras plantas ornamentales y hortalizas supone una vía de escape ante todos estos estímulos negativos del medio.

Durante el S. XX, nuestra sociedad siguió una fuerte tendencia de emigración de la población rural a las zonas urbanas. En una época en que la vida en el campo estaba colmada de dificultades, la gente acudía a las ciudades en busca de nuevas oportunidades, con la esperanza de conseguir mejores condiciones. Esto no sólo trajo consigo el crecimiento descontrolado de los núcleos urbanos, sino también el abandono de los cultivos y con ello la pérdida de un valioso conocimiento sobre las formas de aprovechar los recursos naturales. Hoy en día, esta tendencia se está revirtiendo, y existen muchos casos de gente que sale de la ciudad para vivir en el campo. Incluso da el paso de trabajar la tierra. Todo ello resulta más fácil gracias a la tecnología y a las comunicaciones actuales, que hacen que la vida en el campo sea ahora mucho más cómoda.

Sin embargo, las obligaciones a las que nos sometemos para seguir los dictados de la vida moderna nos hacen perder la perspectiva de lo que somos.

Dedicar una parte de nuestro tiempo al estudio de la horticultura nos permite comprender mejor nuestro entorno, entender las relaciones que existen entre los seres vivos y el medio que los rodea y, en definitiva, conocernos mejor a nosotros mismos.

El trabajo de la tierra, si se realiza con entusiasmo y con un fin meramente lúdico, es una actividad relajante y saludable que nos permite olvidarnos por un momento de los problemas cotidianos.

Debido a la centralización de las poblaciones, los lugares de consumo de verduras y frutas están normalmente muy alejados de los puntos de producción. Esto supone que para que una hortaliza

llegue de su lugar de origen a nuestra mesa sean necesarias infraestructuras civiles, locales de almacenamiento, centros de distribución, estructuras logísticas y superficies comerciales. Esta gran cadena de intermediarios tiene varias consecuencias. En primer lugar, el tiempo que transcurre desde que un alimento se cosecha hasta que se consume es elevado, por lo que inevitablemente pierde cualidades. Muchas verduras se recogen inmaduras para aumentar el rendimiento de producción, pasando a cámaras de maduración artificial y después a cámaras frigoríficas para su conservación. Las frutas y hortalizas sufren con estos cambios térmicos y atmosféricos durante los procesos de transporte y almacenamiento, de modo que, en muchos casos, llegan al consumidor golpeadas, estropeadas o en un punto de maduración muy alejado del óptimo. Todo esto devalúa la calidad del producto. La segunda consecuencia de este sistema de producción y distribución es el encarecimiento progresivo de los productos en cada etapa intermedia, por lo que del precio pagado por el consumidor, tan sólo una pequeña parte llega al agricultor, quedándose la mayoría en manos de los intermediarios. Finalmente, toda esta estructura de camiones, locales, centros comerciales y logísticos consume gran cantidad de energía, suelo y

otros recursos, lo cual hace que este sistema de producción y distribución descentralizada tenga un gran impacto ambiental.

Los huertos caseros son una forma de paliar estos problemas al producir las hortalizas necesarias para el consumo cotidiano de muchas familias, evitando intermediarios, y sin necesidad de consumir esta ingente cantidad de recursos. Es evidente que la calidad y el sabor de las verduras cultivadas en un huerto casero, maduradas al sol y recogidas en el momento adecuado, es incomparable al de las producidas en plantaciones industriales.

Los cultivos modernos, para aumentar su producción, utilizan métodos intensivos poco sostenibles, degradando el suelo en el que se implantan y restando fertilidad a los lugares de los que obtienen la materia orgánica necesaria. El empleo de fertilizantes, herbicidas, plaguicidas y venenos para animales conlleva la contaminación del suelo y del agua. Además, la fabricación de estos productos consume energía y recursos, contribuyendo a aumentar el impacto ambiental total de estos sistemas de cultivo. En países como España, gracias a la legislación vigente, las plantaciones industriales pasan exhaustivos controles de calidad, desde la aplicación de los fitosanitarios hasta el producto final. Sin embargo, una pequeña parte de los elementos químicos nocivos aplicados no se termina de degradar nunca, pasando inevitablemente a nuestro organismo. Si producimos nuestras propias hortalizas utilizando técnicas de cultivo ecológico, podemos aplicar un control total sobre ellas y consumir productos de calidad con total seguridad alimentaria.

Fíjate en las prácticas agrícolas de hoy en día, dedica un tiempo a pensar cómo se ha procesado tu comida, y piensa en la expresión «somos lo que comemos».

En un mundo en constante evolución, donde los desarrollos científicos nos han llevado a alcanzar cotas de confort tecnológico inimaginables hace años, todavía hay millones de personas que no pueden cubrir sus necesidades nutricionales básicas. La humanidad crece en población y en demanda de recursos de forma desmesurada e insostenible, y la deforestación, la contaminación del aire, del suelo y del agua son el resultado de este crecimiento.

Pese a contar con tecnología capaz de optimizar los consumos energéticos y de maximizar los rendimientos en las producciones agrícolas e industriales, la civilización occidental sigue una curva creciente en demanda de materias primas, suelo, energía, agua y alimentos, así como en la emisión de gases de efecto invernadero.

La producción mundial de alimentos está en su mayor parte centralizada en grandes empresas que piensan en la demanda de los mercados en vez de en las necesidades reales de los seres humanos.

Con muy poco esfuerzo y espacio podemos cultivar un huerto casero y crear un entorno agradable en el que disfrutar del trabajo de la tierra a la vez que enseñar a los niños algunos valores esenciales de la vida. Sólo tenemos que invertir mucha ilusión y un poco de trabajo y obtendremos a cambio gratificación personal y alimentos deliciosos y saludables.

Tenemos a nuestro alcance cambiar esta situación y crear un mundo más sostenible y humano. ¡Intentémoslo!

El primer paso

¿Dónde poner tu huerto?

Podría pensarse que el cultivo de hortalizas está reservado a unos pocos privilegiados que disponen de grandes jardines o viven en el campo. Sin embargo, con muy poco espacio podemos disfrutar del placer de cultivar nuestros propios alimentos de una forma fácil y sana.

Las plantas, como todo ser vivo, tienen unas necesidades básicas que no son difíciles de satisfacer incluso en los entornos aparentemente hostiles. En general, todo vegetal necesita los siguientes elementos para desarrollarse: El primero de ellos es la **luz**, necesaria para realizar la fotosíntesis con la que los vegetales metabolizan moléculas orgánicas a partir de los nutrientes que obtiene del segundo elemento esencial: el **suelo**. Este último sirve como soporte para la mayoría de las plantas, exceptuando las acuáticas que crecen directamente en el agua, o las parásitas que se desarrollan sobre otros vegetales. Además de actuar como soporte, el suelo provee a los vegetales de los dos elementos esenciales restantes: los **nutrientes** y el **agua**. Los nutrientes son una serie de compuestos orgánicos e inorgánicos de los que la planta se sirve para, a partir de ellos, sintetizar moléculas orgánicas más complejas como los hidratos de carbono. El agua es fundamental para la vida, y las plantas la toman del suelo a través de las raíces en la mayoría de los casos.

Normalmente, es fácil encontrar un lugar en nuestro entorno que reúna estas características: suficiente luz, suelo y disponibilidad de agua y nutrientes. Así que, aunque sólo se disponga de metro cuadrado de terraza en la que incida la luz al menos cuatro horas al día, o una balda libre cerca de la ventana de la cocina, podrás cultivar una tomatera o algunas plantas aromáticas que alegren tu casa y tu paladar.

HUERTOS EN EL SUELO

Hoy en día, mucha gente está volviendo al campo a vivir y huir así del ajetreo de las ciudades, escapar de los elevados precios de las viviendas o simplemente por vocación. Hay quien vive en una casa unifamiliar de los numerosos barrios residenciales que rodean los núcleos de población. En todos los casos, es posible reservar un trozo de terreno para poner una huerta.

El tamaño no importa demasiado, con muy pocos metros cuadrados podemos disfrutar de las ventajas de un huerto casero.

Sólo hay que elegir bien el lugar y dedicarle unas mínimas atenciones para ser recompensados con hortalizas naturales llenas de sabor y con el orgullo de haberlas producido con nuestro trabajo.

Una vez dado el paso de aventurarnos a poner un huerto, es muy importante elegir el mejor emplazamiento, dentro de las posibilidades que tengamos. El primer año es el más difícil y en el que hay que invertir más trabajo. En los años sucesivos, si las prácticas hortícolas son adecuadas, nuestro suelo será cada vez mejor y requerirá menos esfuerzo cultivarlo. Por ello, seleccionar un emplazamiento adecuado es una decisión clave para los siguientes años.

– Para empezar, tiene que ser un **lugar soleado**. La mayoría de las verduras necesitan entre 6 y 8 horas de luz solar al día y, si no somos capaces de brindarles ese mínimo, las plantas crecerán bien

pero la producción de frutos será mucho menor y su maduración más lenta. Existen, sin embargo, algunas especies como lechugas, guisantes, habas, rábanos o remolachas que agradecen cierto grado de umbría, por lo que siempre podemos especializarnos en estas deliciosas hortalizas si no disponemos de la luz suficiente para cultivar tomates o berenjenas. También hay que tener en cuenta que las sombras de árboles y casas se alargan conforme nos alejamos del solsticio de verano, por lo que conviene observar la evolución, a lo largo del año, antes de cultivar; por ejemplo, una zona que en junio recibe luz continua durante todo el día, posiblemente sólo disponga de tres o cuatro horas de sol en septiembre.

– Respecto al **terreno elegido**, todo suelo se puede mejorar con el tiempo, pero cuánto mejor sea la materia prima de la que dispongamos, mejores resultados obtendremos desde el principio. La capa del suelo debería ser profunda, no muy compacta y cuánto más fértil mejor. Es importante que no haya escombros o rocas superficiales.

Al sembrar por primera vez, es posible que el terreno haya estado ocupado previamente por césped o hierbas silvestres de la familia de las leguminosas o de las gramíneas, como el trébol, la veza, la mostaza o la avena silvestre. Esta última opción no es mala, incluso puede ser muy beneficiosa si existía un buen número de leguminosas, ya que tienen la propiedad de que las bacterias que viven en sus raíces fijen el nitrógeno atmosférico al suelo, enriqueciéndolo. En principio, si en el terreno existe gran cantidad de maleza podemos pensar que el suelo es fértil y está repleto de vida, lo cual es muy interesante para nuestro huerto.

– No hay que descuidar la **orientación del huerto**. Si la parcela elegida no es llana, que sería lo ideal, debemos fijarnos en si la orientación de la ladera es norte o sur. En este último caso, el terreno recibirá mucha más cantidad de luz que uno orientado al norte. En climas frescos o nubosos esto es una ventaja, pero puede ser un problema en zonas del sur demasiado expuestas al sol y al calor. Por ello, si tenemos la posibilidad de elegir, situaremos el huerto en una zona inclinada hacia una u otra dirección en función de las particularidades climáticas de la región. En cualquier caso, si la inclinación es grande, se debería aterrazar el terreno formando bancales más o menos llanos, para evitar la erosión. En todo caso, siempre se debe sembrar en el sentido de las curvas de nivel, es decir, en hileras perpendiculares a la pendiente.

– El **viento** puede ser un factor importante en ciertos lugares. Si bien este fenómeno atmosférico es imprescindible para la polinización de algunas plantas —principalmente coníferas—, el viento puede ser muy destructivo para nuestras hortalizas. Además de romper los soportes y tutores del huerto, reseca las hojas y el suelo, y si es muy intenso puede destrozar las ramas de algunas plantas. Por ello, no está de más colocar algún tipo de protección contra el viento como una tapia o seto no muy alto, para que no quiten luz, y siempre colocado en perpendicular a la dirección predominante del viento local.

– Finalmente, debemos prever alguna **toma de agua** cercana al huerto para poder regarlo y un acceso cómodo en caso de que tengamos pensado traer estiércol o mantillo con un remolque o carretilla.

HUERTOS EN ALTURA

Cada vez están más extendidos los sistemas de cultivo en altura. Presentan la ventaja de no tener que agacharnos tanto para trabajar en ellos.

Parterres

Son la forma más tradicional de colocar un huerto a cierta altura. Normalmente se construye un muro rectangular de piedra o ladrillo de entre 90 y 120 cm de ancho, con el largo que se desee; se rellena con tierra vegetal, es decir, cogida de la parte superior del suelo que es la que concentra más actividad orgánica. Normalmente la altura no es mayor de 40 o 50 cm, pero se puede hacer todo lo alto que se quiera para facilitar el trabajo y ahorrarse problemas de espalda. Al quedar el parterre delimitado y separado del resto del suelo, las malas hierbas tendrán más dificultad para invadirlos. El inconveniente que presentan estos sistemas es la dificultad para labrar la tierra, añadir materia orgánica, y recoger los frutos de las hortalizas más altas, como las judías.

Mesas de cultivo

Consisten en una estructura con patas que soporta un cajón cuadrado o rectangular con un fondo determinado. Este cajón se rellena con tierra de calidad, como la empleada para el cultivo en macetas, para sembrar las hortalizas, plantas aromáticas o flores que nos interesen. Es una forma inteligente de condensar un huerto en un espacio reducido.

La mesa de cultivo es un sistema diferente al parterre, puesto que mientras en éste el suelo está en contacto con la tierra por la parte inferior, las mesas tienen una tapa en el fondo, y la profundidad del suelo está limitada a la profundidad del cajón que la constituye. A pesar de ello, las mesas de cultivo tienen la ventaja de que se pueden colocar en un patio solado o en una terraza, siempre que ésta soporte el peso. Además no es necesario labrar, bastará con mantener la tierra en buenas condiciones, removiéndola un poco entre cada cosecha, añadiendo la tierra nueva que sea necesaria y esparciendo compost por la superficie para evitar su empobrecimiento.

Las dimensiones de las mesas de cultivo pueden ser las que uno quiera, pero hay que tener en cuenta que debemos acceder con las manos a cualquier punto de la superficie, por lo que una anchura mayor de 120 cm no es demasiado práctica. Una altura similar a la de una mesa de comedor nos facilita mucho el trabajo, al poder realizar todas las operaciones de pie en una postura cómoda. En cuanto a la profundidad del cajón, dependerá el tipo de plantas que vayamos a cultivar y de lo superficiales o profundas que sean sus raíces.

Hoy en día, las mesas de cultivo se pueden adquirir en muchos centros especializados en jardinería o bricolaje, convirtiéndose en auténticas piezas decorativas. También es posible fabricar una mesa en casa, sólo hay que tener en cuenta que la estructura debe soportar el peso de la tierra húmeda y las plantas, y dejar previstos agujeros de drenaje en la parte inferior para que el agua no se estanque. Las mesas de cultivo son un método práctico y decorativo para tener hortalizas y hierbas aromáticas frescas en nuestra propia casa.

CULTIVO EN MACETAS Y JARDINERAS

Si el espacio del que disponemos es reducido, algo muy habitual hoy en día, podemos aprovecharlo colocando jardineras o macetas en las que plantar algunas hortalizas. Las jardineras pueden ser de diversos materiales, normalmente de plástico o cerámica. Las macetas cerámicas son mejores ya que aíslan las raíces de la temperatura exterior con mucha más eficiencia que las de plástico, además de conservar mejor la humedad y permitir la oxigenación del suelo.

Se elija el material que se elija, ante todo hay que rellenarlas con un sustrato de calidad, esponjoso, para que no se apelmace,

pero con suficiente capacidad de retención de agua para que no se reseque. Además, conviene esparcir una capa superficial de compost o humus de lombriz para que la concentración de nutrientes sea alta y las plantas se aprovechen de ellos en un espacio tan reducido.

También hay que estar pendientes de regar con regularidad, porque la tierra en macetas se seca con bastante facilidad. Por otro lado, el drenaje debe ser bueno, ya que las hortalizas se pudren si el agua se queda encharcada; así que los tiestos deben estar dotados de agujeros de drenaje en su parte inferior. Es muy útil poner un plato o bandeja debajo de las macetas para recoger en ellos el agua de riego sobrante y los nutrientes disueltos en ella. Estos lixiviados se aprovechan para regar, ya que suelen contener bastante materia orgánica y sales disueltas, y si se desperdician la tierra se va empobreciendo.

Algunas plantas de huerto son más interesantes que otras para el cultivo en maceta. Las lechugas son una buena opción ya que no

tienen raíces muy profundas. Lo mismo ocurre con escarolas, canónigos y rúcula. Las tomateras se dan bastante bien y tienen un rendimiento alto, sobre todo las tipo cherry, siempre y cuando el tiesto sea de al menos 40 cm de profundidad y disponga de al menos 6 horas de sol al día y esté al aire libre. Una de las hortalizas que mejor resultado da es el pimiento, que tiene la ventaja de que una vez pasado el verano, si metemos las plantas en el interior de la casa en un sitio luminoso, seguirá produciendo flores y pimientos durante todo el invierno. Las calabazas y calabacines ocupan demasiado, por lo que es mejor descartarlas y centrarse en especies que no consuman el tan preciado espacio. Otra opción, ante la escasez de espacio, es plantar aromáticas que, en general, no necesitan gran cantidad de sustrato para sobrevivir, e incluso soportan bien el cultivo en interior durante todo el año. Albahaca, cebollino, tomillo, menta, perejil o hierbabuena son algunas de las más adecuadas.

Es importante optimizar el espacio y una interesante forma de hacerlo es recurrir a la asociación de cultivos. Por ejemplo, en un

mismo macetón podemos poner una tomatera que se desarrollará en altura y profundidad, y alrededor tres o cuatro lechugas y otras tantas cebollas que ocuparán los huecos dejados por la tomatera. En una jardinera alargada y profunda se puede cultivar sin problemas una planta de pepino que mantendremos controlada podando los brotes laterales, y a la que pondremos un tutor para ayudarla a que vaya trepando hacia arriba. Si se siembra una planta de pimientos en el otro extremo de la misma jardinera, y se ocupa todo el espacio libre con rabanitos, podremos tomar una rica ensalada, cada cuatro o cinco días, en verano.

**El cultivo en macetas y jardineras es fácil.
Si se realiza con cariño, puede dar muy buenos resultados.
El espacio ya no es una excusa para no tener
un pequeño huerto casero.**

HUERTOS COMUNITARIOS Y URBANOS

Cada vez más municipios y asociaciones vecinales son conscientes de la demanda de espacios para desarrollar actividades hortícolas. Por ello surge la idea de los huertos comunitarios, que son

zonas normalmente degradadas o abandonadas de las ciudades y pueblos que se ponen a disposición de los ciudadanos para que, en ellos, puedan cultivar hortalizas o frutales. Las formas de gestión y normativas de estos huertos son variopintas; algunos son gestionados por asociaciones, mientras que otros dependen directamente de los ayuntamientos. Normalmente, el interesado acude al ayuntamiento o asociación correspondiente y solicita participar en el proyecto, de modo que si cumple los requisitos necesarios, se le cede un espacio para cultivar, así como unas horas de riego, etc.

En todo caso, el concepto de huerto comunitario o urbano siempre es el mismo: tener la posibilidad de cultivar un pequeño huerto incluso en los barrios más poblados de una gran ciudad. Todo esto, aparte, tiene unas interesantes implicaciones sociales y culturales, ya que cultivar un espacio rodeado por otros horticultores permite el flujo de información, el aprendizaje y el intercambio de opiniones y experiencias, además de fomentar la solidaridad, la generosidad y el urbanismo. Las personas implicadas comparten herramientas, semillas y conocimientos, forman grupos de trabajo, e inevitablemente acaban estrechando vínculos.

frijoles
cedrón
ojo
árbol
flores
o
habas
o
verduras
cilantro

Diseña y planifica

un huerto a tu medida

En todos los proyectos que se emprenden en la vida, la planificación es un ejercicio imprescindible que sienta las bases para que la posterior ejecución se resuelva con éxito. Por tanto, antes de lanzarnos a crear un huerto casero es importante consumir un poco de tiempo previo en decidir cuánto espacio necesitamos, organizar dicho espacio y planificar las actuaciones que tenemos que realizar. Esta planificación debe repetirse al empezar cada nueva temporada.

Una práctica muy recomendable es realizar un croquis de la zona que vamos a dedicar al huerto y señalar en él las especies y variedades que hemos ido plantando, apuntando también la fecha de siembra y los resultados obtenidos. Será de gran utilidad hacer un calendario en el que se anoten todas las prácticas que se van realizando y las que están pendientes: fechas de laboreo, abonado, siembra y plantación, tratamientos, recolectas, problemas y resultados. Con la ayuda de estas sencillas herramientas podemos ir aprendiendo y planificando mejor el huerto cada temporada, optimizando el espacio o dedicándolo sólo a las especies que nos hayan dado mejores resultados. Además, para realizar una adecuada rotación de cultivos es necesario apuntar las hortalizas que hemos plantado en cada zona del huerto cada año.

EL TAMAÑO DEL HUERTO

Lo primero que hay que decidir es cuánto espacio se va a dedicar al huerto. Lo más práctico es empezar por algo pequeño, para no vernos desbordados con el trabajo que requiere y tenerlo todo mejor controlado y más cuidado. A medida que se va adquiriendo experiencia se puede ir ampliando la superficie de cultivo, pero conviene empezar poco a poco para no desanimarnos.

Un pequeño huerto de entre 6 y 10 m^2 es muy manejable, perfecto para empezar. En un espacio aparentemente tan reducido podemos cultivar, por ejemplo, doce tomateras, seis matas de judías, seis de pimientos, tres plantas de pepinos, una de calabacín, unas cuantas cebollas en los bordes y lechugas y zanahorias en los espacios libres que dejan en el suelo las plantas más altas. Ésta es una cantidad suficiente para que una familia pueda disfrutar de gazpachos, ensaladas y hortalizas frescas durante todo el verano. En invierno se pueden plantar espinacas, ajetes, guisantes y rabanitos en el mismo espacio, de modo que nunca esté desaprovechado.

Un huerto de tamaño medio, de unos 30 o 50 m^2, es capaz de proveernos de gran parte del consumo familiar en verano y de ayudarnos a llenar la despensa en invierno. La cantidad de plantas de cada tipo dependerá de los gustos y necesidades de cada uno así como de las características climáticas y la posibilidad de cultivar o no ciertas especies.

Una planificación para un huerto de 30 m^2 podría ser:

EN VERANO:

- 36 tomateras
- 24 matas de judías verdes
- 24 matas de pimientos
- 12 berenjenas
- 6 matas de pepinos
- 4 calabacines
- 2 matas de melones
- 2 calabazas
- 4 m^2 de patatas
- 2 m^2 de cebollas
- 1 m^2 de lechugas
- 1 m^2 de zanahorias

EN INVIERNO/PRIMAVERA:

- 4 m^2 de guisantes y tirabeques
- 4 m^2 de habas
- 4 m^2 de coles
- 2 m^2 de puerros
- 2 m^2 de lechugas
- 2 m^2 de espinacas
- 2 m^2 de rabanitos y remolachas
- 2 m^2 de ajetes tiernos

Se puede partir de esta panificación e ir ajuntando las cantidades en base a la experiencia, los gustos y las necesidades de cada uno.

Si se pretende llegar a la autosuficiencia, normalmente con un espacio de 50 m^2 por persona es suficiente para satisfacer la mayoría del consumo de hortalizas durante todo el año. El problema es que en muchas regiones de nuestra latitud el clima es muy favorable para la mayoría de las especies en verano, mientras que en invierno sólo se pueden cultivar cuatro o cinco tipos de hortalizas, de modo que en verano nos sobrará producción y en invierno nos quedaremos escasos. En este caso, es interesante plantear la posibilidad de habilitar un invernadero.

LA DISTRIBUCIÓN DEL HUERTO

Una vez sepamos el espacio de que disponemos, es necesario hacer un diseño del huerto. Primero, dividiremos en zonas de cultivo y caminos. Las formas y disposiciones de los espacios cultivables y caminos son tantas como se quiera imaginar, lo único que hay que tener en cuenta al diseñarlos es que los caminos o senderos deben permitirnos el acceso a todos los puntos de las zonas de cultivo sin tener que pisarlas. Es fundamental no pisar nunca la tierra de cultivo, ya que al hacerlo, la presión que se ejerce sobre ella la compacta, dificultando su oxigenación y destruyendo el trabajo que realizan las lombrices y otros organismos. Una forma de ayudar a evitar que se pisen las zonas de cultivo es delimitarlas o acotarlas con bordes de piedra o tablas para separarlas de los senderos.

Surcos

La forma tradicional de disponer el espacio en el huerto es el sistema de surcos. Con un azadón se realizan zanjas rectas y largas de 30 o 40 cm de profundidad y 40 o 50 cm de anchura, dejando entre los surcos los montículos formados con la tierra extraída llamados caballones, en los cuales se sembrarán las hortalizas.

Los surcos, además de servir de caminos, se solían utilizar para regar por inundación, por lo que se conectaban todos los surcos entre sí, y se les daba una pequeña caída en una de las direcciones, para poder dejar la manguera abierta en un extremo, de modo que el agua fuera corriendo por todo el huerto. Evidentemente, hoy en día se puede adaptar el riego por goteo a esta forma de cultivo, con lo cual se ahorra agua, se controla mejor el aporte de agua a cada tipo de planta y se simplifica el trabajo que supone regar, sobre todo, si se instala una electroválvula con programador horario.

Normalmente, en la parte superior de los caballones se plantan las hortalizas más altas, y las laderas de los mismos se aprovechan para sembrar cebollas, ajetes o puerros. Es un sistema tradicional que requiere algo de trabajo para formar los surcos y los caballones. Además, no es el más apropiado para el suelo, ya que éste se remueve demasiado al hacer los surcos y se pisa en exceso, debido a la gran cantidad de senderos.

Bancales

Un sistema más actual y recomendable, por su simplicidad y por las ventajas que presenta para el suelo, es el de bancales. Se preparan terrenos rectangulares o cuadrados de hasta 120 cm de ancho y con el largo necesario, ablandando bien el suelo. En caso de que

sea la primera vez que se cultiva en ese lugar, se puede realizar una labor profunda. Los bordes de los bancales se pueden delimitar con tablas, tejas o piedras para que la tierra no se salga y para evitar pisar dentro. Si, además, elevamos ligeramente la altura de los bancales, las malas hierbas tendrán más dificultad para invadirlos.

Entre estos bancales quedan los caminos, a los que se les dará el ancho necesario para que una persona pueda transitar y trabajar con comodidad, normalmente, unos 50 cm. El ancho debe ser lo mayor posible para que la zona sin pisar sea amplia, pero limitada a que el horticultor pueda acceder con comodidad a todos los puntos del bancal desde los caminos, tanto de pie como agachado. Una forma sencilla de conocer cuál es esta anchura óptima para una determinada persona es ponerse enfrente de una pared, extender los brazos y acercarnos, poco a poco, lo suficiente como para poder tocarla cómodamente, tanto de pie como agachados. La distancia que queda desde la punta de los pies hasta la pared, multiplicada por dos, nos da la anchura adecuada de los bancales.

En cada bancal pueden caber tres hileras de hortalizas separadas unos 50 cm entre sí, de modo que se pueden preparar parrillas de riego por goteo consistentes en tres tuberías conectadas en los extremos con las «tes» y codos necesarios. En uno de los extremos

de la parrilla, el que va conectado a la tubería general que distribuye el agua a cada una de las parrillas, conviene colocar una llave de corte para poder regular la cantidad de agua que va a cada bancal. De este modo, adaptamos el sistema a las necesidades hídricas de cada tipo de hortaliza.

El sistema de bancales rectangulares presenta la ventaja de aprovechar mucho mejor el espacio por tener menos área dedicada a senderos. También es excelente para preservar la estructura del suelo, pues ayuda a no pisarlo, y ahorra trabajo al horticultor, ya que una vez preparados los bancales, solamente es necesario ahuecar un poco la parte superficial para evitar que se apelmace y airear la tierra de vez en cuando.

ASOCIACIONES BENEFICIOSAS

En la naturaleza son innumerables los casos de especies animales y vegetales que se benefician mutuamente de su actividad manteniendo una relación de simbiosis, hasta tal punto que muchas de ellas no podrían sobrevivir sin sus «socios». De la misma manera, hay que entender el huerto como un ecosistema en el que conviven diversas especies que pueden ayudarse entre sí, o todo lo contrario.

Por otro lado, es evidente que cualquier plaga tiene más posibilidades de prosperar en zonas donde sólo existe un tipo de planta (monocultivos), que en lugares donde la biodiversidad es mayor, lo cual nos afianza en la idea de que crear un huerto variado es mucho más interesante que cultivar sólo una especie.

Un caso especialmente interesante de asociación beneficiosa es el de los hongos llamados micorrizas, que colonizan las raíces de las plantas en una asociación de simbiosis. El hongo descompone la materia orgánica del suelo proveyendo a la planta de nutrientes minerales, al tiempo que toma de ésta hidratos de carbono y vitaminas que sería incapaz de sintetizar por sí mismo. El empleo sin sentido de fungicidas, como tratamiento o prevención de enfermedades causadas por hongos, mata estas micorrizas destruyendo el equilibrio natural e impidiendo esta asociación tan favorable.

Asociación de cultivos

La idea de la asociación de cultivos se basa en aprovecharse de los beneficios que conlleva plantar ciertas especies juntas o en un mismo espacio. Para practicar este método es necesario tener cierto conocimiento de las especies que conviven bien y de las que se llevan peor, aunque lo más práctico es partir de algunos conceptos muy sencillos y básicos e ir aprendiendo con la experiencia.

Algunas de las ventajas de la asociación de cultivos son:

– **Se consigue un mayor aprovechamiento del suelo.** Realizando un cultivo intercalado podemos mezclar especies que tienen un crecimiento vertical con otras que ocupen el espacio inferior que quede libre. Un ejemplo de esto es sembrar lechugas entre las judías. Además de que no existe competencia por el espacio, las lechugas se benefician de la umbría producida por las judías.

– **Se impide el crecimiento de hierbas adventicias.** Sembrando filas de rábanos entre las hileras de zanahorias conseguimos dos cosas: en primer lugar, los rábanos, como brotan antes, marcarán el lugar en que se han plantado las zanahorias de germinación más lenta, e impedirán el desarrollo de las malas hierbas. Y en segundo lugar, una vez se hayan recolectado los rábanos, las zanahorias, que van más retrasadas en su crecimiento, se pueden desarrollar sin competencia.

– **Algunas especies se benefician entre sí.** Por ejemplo, el ajo protege al tomate del mildiu y la cebolla actúa como repelente de la mosca de la zanahoria.

– **Mezclar especies dificulta la propagación de enfermedades.** Los tomates, calabacines o pepinos se pueden sembrar separados por hileras de judías que suponen una barrera natural al tráfico de pulgones, arañas rojas y otras plagas que acabarían con la cosecha si plantáramos juntos todos los individuos de la misma especie. Además, las concentraciones altas de un mismo tipo de planta en la misma zona, atraen con más facilidad a los insectos que las colonizan.

Aparte de los ya citados, otros ejemplos de asociación de cultivos son:

– El maíz sirve de tutor para que la judía trepe, y la judía produce el nitrógeno que necesita el maíz.

– La albahaca protege del mildiu a especies como el pepino, y además atrae a los insectos necesarios para su polinización.

– Los *tagetes* —plantas ornamentales de la familia de las margaritas—, en general, repelen a los insectos invasivos.

– Si se realiza un cultivo escalonado sembrando judías de mata baja en el sitio en el que se han recolectado patatas tempranas, no sólo se aprovecha mejor el espacio, sino que además se mejora el suelo empobrecido por el cultivo de patatas.

De la misma manera que algunas especies se favorecen entre sí, ciertas asociaciones no son recomendables, ya que se puede inhibir el crecimiento de una de las dos especies, o bien favorecer la trasmisión de enfermedades. El ejemplo más claro de esto es el de judías verdes o guisantes, al lado de cebollas o puerros.

TABLA DE ASOCIACIONES POSITIVAS Y NEGATIVAS.

En gris, las asociaciones negativas y en verde, las positivas.

GUISANTE: judía, cebolla, ajo, patata, tomate - lechuga, zanahoria, rábano.
LECHUGA: judía, guisante, pepino, tomate, rábano
JUDÍA: ajo, guisante, cebolla - calabacín, rábano, lechuga, pepino.
CEBOLLA: judía, guisante - pepino, lechuga, zanahoria, calabacín
AJO: judía, guisante - pepino, zanahoria, pimiento, tomate.
RÁBANO: pepino - judía, guisante, lechuga, zanahoria, pimiento, tomate.
PATATA: guisante, pepino, tomate - judía pimiento
ZANAHORIA: guisante, rábano, tomate.
PIMIENTO: guisante, pepino - judía, ajo, lechuga, rábano.
TOMATE: guisante, pepino, patata - judía, ajo, lechuga, zanahoria, rábano.
PEPINO: patata, pimiento, rábano, tomate - judía, ajo, lechuga
CALABACÍN: judía, lechuga.

Los beneficios de la asociación de cultivos se conocen desde hace mucho, pero es un asunto que está en constante evolución e investigación. Como siempre ocurre, no hay una clave maestra para acertar, así que experimenta y comparte tus experiencias con otros hortelanos para ir aprendiendo poco a poco.

Colaboradores animales

Además de las plantas que tienen capacidad de ayudarse entre sí, también existen ciertos animales que nos pueden ayudar a mantener un huerto más sano. Es conveniente conocer cómo algunos de ellos pueden colaborar con nosotros, no sólo para ahorrarnos el contraproducente trabajo de echarlos, sino incluso para favorecer su presencia.

– **Lombrices:** son unas excelentes ayudantes para todo hortelano. Facilitan la incorporación al suelo de la materia orgánica añadida en superficie, y en su labor horadan pequeños túneles que favorecen la ventilación del suelo y lo ablandan, mejorando su estructura.

– **Mariquitas:** algunos insectos son grandes devoradores de pulgón, así que favorece su estancia en el huerto colocando refugios construidos a base de madera o palitos para que mantengan a raya esta plaga indeseable.

– **Abejas y otros insectos melíferos voladores:** son imprescindibles para la fecundación de ciertas especies. Una forma de atraerlos es plantar alguna mata de lavanda en las cercanías del huerto.

– **Culebras y aves:** si tu huerto se encuentra en una zona muy devaluada ecológicamente o rodeada de cultivos cerealistas monovarietales, es probable que tengas problemas con la superpoblación de roedores. Algunas aves rapaces y culebras se alimentan de estos pequeños animales, como topillos o ratas, que pueden arruinar nuestra cosecha de patatas o zanahorias.

LA ROTACIÓN DE CULTIVOS

Es una técnica que consiste en no plantar un tipo de cultivo en el mismo lugar año tras año, y que tiene como objetivo prevenir enfermedades y evitar el desgaste excesivo del suelo.

Toda especie vegetal consume cantidades variables de nutrientes y minerales en unas ciertas proporciones, de manera que demanda más unos que otros. Si cada año sembramos en un lugar la misma variedad hortícola, al cabo de poco tiempo los elementos más demandados por ésta se acabarán agotando, produciéndose un desequilibrio en el suelo normalmente difícil de corregir.

Por otro lado, muchas enfermedades y parásitos características de una especie de planta permanecen en el suelo durante todo el año, de modo que si al año siguiente sembramos la misma especie en el sitio en el que ha sufrido la enfermedad, aumentan las posibilidades de que ésta se infecte de nuevo y de una forma más grave.

En estos conceptos está fundada la técnica de rotación de cultivos, de gran importancia para mantener un suelo equilibrado y un huerto saludable. Las normas básicas que hay que seguir son las siguientes:

- Cada año se deben alternar en la misma parcela especies con exigencias nutricionales diferentes, por ejemplo, las plantas que demandan mucho estiércol se sustituyen por plantas que requieran menos.
- Para prevenir enfermedades, es mejor no plantar hortalizas de la misma familia durante más de dos años seguidos en el mismo sitio. Se debería dejar descansar el suelo para el mismo tipo de planta un mínimo de tres años.
- Después de cultivar plantas de raíces profundas es bueno sembrar plantas de raíces superficiales y viceversa, ya que cada una de ellas toma los nutrientes de diferentes capas del suelo, y así se evita su agotamiento.
- Es conveniente plantar legumbres un año antes de plantar otro tipo de cultivo más exigente en nitrógeno, debido al aporte de este elemento que realizan las leguminosas.
- Las plantas de cultivo perenne como los espárragos, fresas, frambuesas o alcachofas, no se rotan.

Para tener claro qué tipo de plantas pueden rotar entre sí, hay que conocer el nivel de exigencia en materia orgánica y compost de cada una de ellas. Así, se separan en cuatro grupos:

– **Muy exigentes:** solanáceas y cucurbitáceas, por ejemplo: berenjenas, patatas calabacines, melones, calabazas o pepinos.
– **Moderadamente exigentes:** compuestas (lechugas), quenopodiáceas (espinacas y remolachas), liliáceas (ajos o cebollas) y umbelíferas (perejil o zanahorias).
– **Poco exigentes y mejorantes:** leguminosas fertilizadores del suelo como por ejemplo: judías, habas o guisantes, y algunas crucíferas como el rábano.
– **El tomate** merece mención aparte, ya que a pesar de ser una especie muy exigente en materia orgánica y nitrógeno, es posible cultivarla en el mismo sitio durante dos o tres años seguidos, siendo necesario cambiarlo de lugar después.

Partiendo de los conceptos anteriores debemos planificar el huerto para poder seguir un plan interanual de rotación de cultivos. Una fórmula muy sencilla consiste en dividir el huerto en tres parcelas, plantando en cada una de ellas especies con similares necesidades. Al siguiente año, se plantan las especies más exigentes en el lugar en que estaban las mejorantes; y las mejorantes en el que estaban las de exigencia moderada. De este modo, cada especie vuelve a su lugar original cada cuatro años. Al mismo tiempo, conviene ir alternando también plantas con diferente sistema radicular (profundo o superficial).

Existen multitud de sistemas de rotación, más o menos complejos, pero en todos ellos se deben cumplir las normas básicas explicadas. Tomando como referencia dichas normas puedes diseñar un modelo que se adapte bien a las especies que quieres cultivar y al tamaño de tu huerto.

¿Cómo ha de ser la tierra?

Nociones básicas para conocer «dónde pisas y siembras»

La importancia del suelo en los cultivos es notable y resulta evidente si se piensa que constituye el soporte físico de las plantas, además de la fuente de la que se nutren y de la que toman el agua en la mayoría de las ocasiones. Si bien no es necesario ser un experto en suelos para conseguir cultivar con éxito un huerto casero, sí resulta útil tener algunas nociones sobre esta cuestión para ser capaces de prevenir y corregir problemas así como para conocer las especies que mejor se adaptan a las condiciones de nuestro terreno.

El suelo debe entenderse como un ecosistema, en el cual conviven muchas especies de animales, hongos y bacterias en un delicado equilibrio, interactuando entre sí y con los compuestos químicos y el agua que lo forman. De la salud de este ecosistema dependerá, en última instancia, la salud y productividad de las plantas que enraízan en él.

SUELOS ÁCIDOS Y ALCALINOS

Para realizar una clasificación que nos permita conocer más acerca del suelo, debemos diferenciar entre suelos alcalinos y suelos ácidos. Los primeros tienen un pH superior a 7.0, mientras que los segundos lo tienen inferior. Se dice que un suelo es neutro cuando el pH es 7.0.

El pH se puede medir fácilmente diluyendo una muestra de tierra en agua destilada e introduciendo en la disolución un papel de tornasol, parecido a las tiras que se emplean para analizar el agua de las piscinas. Este papel se tiñe de un color u otro según el valor del pH. Es importante que la probeta de tierra sea una

mezcla de diversas muestras tomadas al azar en distintas zonas del huerto. Aunque medir el pH no entraña dificultad, también se puede averiguar el tipo de suelo de nuestra comarca acudiendo a los atlas geográficos regionales. En el mercado existen kits químicos para medir el pH y el contenido en nutrientes y elementos esenciales del terreno.

El pH del terreno puede influir sustancialmente en el desarrollo de las plantas, ya que la solubilidad de ciertos minerales necesarios para su nutrición varía con el grado de acidez o alcalinidad del suelo. Mientras que la mayor parte de las plantas crecen de forma adecuada con un pH de entre 6.0 o 7.0, algunas especies como zanahorias o patatas se ven favorecidas por suelos ligeramente más ácidos, y otras como las coles o la remolacha toleran un pH de hasta 7.5. Si el suelo es fuertemente ácido o alcalino, la mayoría de las especies cultivables son incapaces de prosperar.

Por supuesto, una vez conocido el pH de nuestro suelo existen medidas para corregirlo en caso de necesidad. Por ejemplo, añadir ceniza o cal para disminuir la acidez o esparcir materia orgánica como turba vegetal, hojas de árboles o virutas de madera para corregir la alcalinidad.

LA ESTRUCTURA DEL SUELO

Lo siguiente que debemos conocer acerca del suelo es su estructura. Podemos distinguir entre suelos arcillosos, arenosos y pedregosos en función del tamaño y textura de las partículas que lo conforman. Mientras que los suelos arcillosos tienen dificultades para drenar el agua, en los arenosos ésta se filtra con demasiada facilidad. Además, los suelos arcillosos o pesados tienden a apelmazarse dificultando el crecimiento de las raíces, por lo que deben labrarse más que un terreno suelto o ligero. Independientemente del tipo de suelo del que dispongamos, siempre mejorará con el aporte de materia orgánica y con la actividad de las lombrices y microorganismos que conlleva dicho aporte. Es aconsejable ir eliminando las piedras que nos encontremos, para conseguir un terreno cada vez más homogéneo.

LA COMPOSICIÓN DEL SUELO

Cualquier suelo consta de un esqueleto sólido formado principalmente por silicatos, óxidos, arcillas y otros muchos compuestos minerales, los cuales dan consistencia y estructura al suelo. Existen otros sólidos mucho más interesantes para las plantas porque conforman lo que podríamos llamar su dieta. Se trata de nitratos, fosfatos y otras moléculas de carácter inorgánico, además de los compuestos orgánicos denominados genéricamente humus. Cuanta mayor cantidad de humus esté disponible en un suelo, más intensa será la actividad microbiana, y habrá una mayor cantidad de recursos asimilables por las plantas, por lo que se dice que el suelo es más fértil.

Además de estos elementos sólidos, en el suelo hay agua con sales e iones disueltos, sustancias orgánicas líquidas, y gases. El agua y los iones son vitales para el metabolismo de los microorganismos que viven en el suelo, como también lo son los gases, principalmente el oxígeno contenido en aire que se filtra a través de los capilares y espacios intersticiales de la tierra. Por eso es

tan importante que el terreno esté suelto y bien ventilado, en vez de apelmazado. Los productos de este metabolismo realizado por bacterias y levaduras son: nitratos, nitritos, sustancias orgánicas y dióxido de carbono.

En los casos de oxigenación insuficiente, la materia orgánica se descompone pudriéndose, lo que produce gas metano, detectable por su mal olor. Este olor a metano es muy mal síntoma en la tierra y en el compost. Se debe corregir el problema de la ventilación aireando y descompactando el suelo, así como mejorando su drenaje.

EL SUELO PERFECTO

Evidentemente el suelo perfecto no existe, porque dependiendo de la planta que se quiera cultivar en él, se requerirán unas u otras características. En muchos lugares donde se cultiva un único tipo de planta (plantaciones monocultivo), se intenta mantener un suelo con una composición química, cantidad de minerales y estructura determinadas que se suponen adecuadas para esa especie vegetal en concreto. Sin embargo, esto suele producir desequilibrios importantes en la actividad natural del suelo, siendo además imprescindible la intervención humana para fertilizar y añadir aditivos sintéticos continuamente. Por ello, y ya que en un huerto casero lo que queremos es fomentar la diversidad y la salud, tenemos que pensar en un suelo equilibrado, que será el adecuado para el desarrollo natural de cualquier hortaliza. Quizá, de esta manera, no se consiga la producción intensiva de un cultivo industrial monovarietal, pero sí conseguiremos tener un huerto saludable y apropiado para el cultivo de diversas especies.

Cada variedad hortícola tiene sus necesidades, pero hay algunas recetas universales que todo tipo de hortalizas agradecerán, y que nos ayudarán a mantener un suelo equilibrado:

– **El suelo debe ser profundo, mullido y aireado, con estructura migosa.** También debe tener buena capacidad para drenar y no encharcarse. Si nuestro suelo es duro y compacto, deberíamos trabajarlo intensamente, la primera vez, hasta que las partículas se suelten, y después añadir bastante humus o compost para dejar que los seres vivos del suelo hagan el resto. Una vez conseguimos un suelo esponjoso y profundo, las lombrices y otros organismos trabajarán por nosotros manteniéndolo bien oxigenado, siempre que la cantidad de materia orgánica sea suficiente. A partir de este momento, la labor del suelo no debe ser tan exhaustiva, bastará con remover un poco la capa superficial y, sobre todo, jamás pisarlo. Para ello marcaremos caminos entre los parterres por los que transitar, y nunca salirnos de ellos.

– **Debemos mantener un suelo rico en materia orgánica y en nutrientes minerales.** Aparte de una adecuada rotación de cultivos, es aconsejable la adición de compost, mantillo o coberturas vegetales como el abono verde, el empajado o el acolchado con hojas muertas.

– **Si el suelo es demasiado arenoso puede que no tenga suficiente capacidad para retener el agua y los nutrientes minerales necesarios para la actividad de las plantas.** En este caso, conviene no labrarlo, y mejorarlo año tras año añadiendo materia orgánica en forma de compost.

– **En el caso poco habitual de que el pH del suelo esté por debajo de 6.0 o por encima de 7.5,** intentaremos corregirlo añadiendo ceniza o cal si es muy ácido o materia orgánica si es muy alcalino. Mantener el pH cerca del punto neutro es la mejor estrategia para poder cultivar gran diversidad de hortalizas sin complicarse mucho la vida.

SUSTRATOS COMERCIALES

Si tenemos pensado cultivar alguna planta en maceta o mesa de cultivo, lo mejor es acudir a los sustratos comerciales, ya que la tierra normal tiende a apelmazarse y puede no ser tan rica como la que se prepara a tal efecto.

Existen multitud de tipos de sustrato y los podemos encontrar en cualquier tienda especializada, vivero o gran superficie. Es muy poco recomendable adquirir sustratos de los que venden en bazares o grandes superficies a precios muy económicos, ya que muchas veces su calidad es baja y su procedencia dudosa, por lo que conviene gastarse un poco más de dinero y darles a nuestras plantas una base apropiada para crecer y nutrirse.

Las bolsas que contienen estos productos suelen indicar su composición y pH, así como la procedencia y recomendaciones de uso. Con un sustrato general nos debería bastar si después nos preocupamos de añadir compost o mantillo en la superficie, aunque también hay sustratos seleccionados y tratados especialmente para hortalizas. En todo caso, si encontramos un vendedor bien formado, nos podrá asesorar al respecto.

Hay un determinado producto llamado turba que es excelente por su estructura, aunque no es demasiado fértil. Este sustrato se extrae de las turberas, zonas húmedas de gran riqueza ecológica, y que han sufrido una merma importantísima a nivel mundial debido a su explotación. Su utilización es claramente desaconsejable. Una alternativa sostenible a la turba para dar esponjosidad a la tierra es mezclar ésta con fibra de coco, que también se encuentra fácilmente en los comercios.

En cualquier caso, con un sustrato de buena calidad enriquecido superficialmente con compost o humus de lombriz, tendremos unos resultados excelentes en los cultivos en maceta.

LA PREPARACIÓN DEL TERRENO

El trabajo del suelo o laboreo es la técnica que nos permite acondicionar la tierra para su cultivo, mejorando su estructura, descompactándola y permitiendo su aireación. Además, el laboreo es un método de control de hierbas adventicias que facilita la integración de la materia orgánica al suelo, labor que terminarán de hacer las lombrices y los microorganismos que viven en él.

Existen partidarios de realizar cavas profundas para conseguir un terreno esponjoso y rico en humus, mientras que otros autores son adeptos a dejar el terreno tal como está, sin realizar ninguna labor mecánica. Como suele ocurrir en los temas agrícolas, es difícil decir qué es lo óptimo. Cada uno tendrá su opinión.

Los métodos de cava profunda requieren de más trabajo pero dan buen resultado, sobre todo con hortalizas de raíz, como zanahorias o cebollas, ya que facilitan su enraizamiento y engorde. Los sistemas sin laboreo, por otro lado, requieren del aporte de mucha materia orgánica proveniente del exterior del huerto, por lo que se incurre en el empobrecimiento orgánico de otras zonas.

En cualquiera de los casos, lo que nunca se debe hacer es invertir la estructura del suelo, es decir, al labrar hay que tener cuidado de que las capas de tierra superiores se mantengan en la superficie, y las profundas sigan estando debajo. En la parte superficial del suelo es donde se encuentran la mayor parte de los microorganismos que mantienen la buena salud de nuestro huerto. Por eso, si los enterramos en profundidad, estaremos privándolos del oxígeno que necesitan para vivir.

La primera vez que te lanzas a poner tu propio huerto

Si es la primera vez que pones el huerto en un emplazamiento, serán necesarios algunos pasos previos a la preparación de la tierra.

Lo más normal es que el terreno se encuentre cubierto con diversas clases de maleza y hierbas, que hay que eliminar cortando y arrancando de raíz si es necesario. Habrá que quitar las piedras y tocones de árboles y arbustos. Todos estos trabajos se denominan «roza».

Si la superficie está invadida por plantas cespitosas, como la grama o el césped, hay que sacar cepellones de tierra con el azadón para extraer bien todas las raíces. Toda esta tierra con hierbas enraizadas se apila en un montón para su compostaje durante unos seis meses, y después se devuelve al huerto, expandiéndola a modo de cubierta.

Una vez limpia la superficie ya se puede labrar el terreno, lo cual es algo más trabajoso la primera vez, por encontrarse más duro el suelo.

¿Cómo trabajar el suelo?

Dependiendo del tipo de suelo y de las especies a cultivar tendremos que realizar un trabajo más o menos intenso.

Los suelos arcillosos y pesados conviene romperlos bastante para favorecer el drenaje, mientras que en terrenos más arenosos no es recomendable labrar demasiado. Hortalizas como zanahorias, rábanos, patatas o cebollas agradecen suelos bien trabajados y profundos.

Para una cava ligera en la que sólo queramos ventilar un poco la superficie, basta con hundir una horquilla moviéndola hacia delante y hacia detrás, mientras que para ablandar bien el terreno es necesario utilizar una pala o azada manual, o bien un motocultor.

En todo caso, no se debe incorporar en profundidad materia orgánica poco descompuesta, ya que tenderá a pudrirse en ausencia de oxígeno. Del mismo modo, es importante no invertir las capas de suelo, y mantener siempre las capas superficiales en la parte de arriba.

Hay que intentar fomentar las formas que tiene la naturaleza de airear y acondicionar el terreno, como por ejemplo favorecer el desarrollo de lombrices que lo remuevan y oxigenan, o sembrar abono verde que descompacte el suelo con sus raíces, a la vez que lo enriquece aportando nitrógeno al mismo. Las lombrices «adoran» la materia orgánica, y una forma de mantener un buen número de ellas en nuestra huerta es extender una capa de compost, mantillo u hojas secas en la superficie.

¿Cuándo labrar?

El laboreo se debe realizar cada año, en otoño o invierno, pero antes de que el suelo se ponga demasiado duro por las heladas. El momento óptimo es el llamado «de tempero», esto es cuando la tierra se encuentra húmeda pero no se queda compactada al intentar formar una bola con la mano.

Los métodos de labranza manuales no carecen de romanticismo, pero tu espalda te lo agradecerá si alquilas una azada mecánica o motocultor. Si tienes algún vecino o amigo con huerto, podéis alquilar juntos la máquina y labrar dos o tres huertos en un solo día para rentabilizar aún más la inversión. En todo caso, al trabajar en el huerto utiliza siempre una faja protectora.

Abonos y fertilizantes

¿Cuáles son los mejores para tu huerto?

Las plantas, para nutrirse, necesitan principalmente materia orgánica y tres elementos esenciales, nitrógeno, fósforo y potasio, además de una serie de oligoelementos en menores cantidades como zinc, magnesio, boro, azufre, etc.. Normalmente, todos estos elementos se encuentran en el suelo de forma natural. Sin embargo, a medida que se suceden los cultivos año tras año, la tierra se va agotando, perdiendo materia orgánica y estos elementos químicos vitales, de modo que resulta necesario añadir anualmente estos nutrientes.

Existen diversas maneras de enriquecer el suelo. Algunas de ellas requieren de la aportación de materia proveniente de otro lugar, y otras se basan en la alternancia o rotación anual de cultivos con necesidades diferentes, o en la siembra de especies fijadoras de nitrógeno como las leguminosas.

En una huerta orgánica no es necesaria la utilización de ningún tipo de abono o fertilizante sintético, a no ser que exista una carencia grave de algún elemento en concreto, en cuyo caso se tendrá que aportar de forma puntual. Se detectan, por ejemplo, al observar la coloración en las hojas; si nos parece inapropiada, es mejor acudir a un experto.

En todo caso, en un huerto en el que el suelo se mantiene vivo aportando compost de calidad y se emplean métodos naturales y sostenibles como una labranza y una rotación de cultivos apropiada, tendremos normalmente una tierra equilibrada y fértil. Con estos métodos posiblemente no obtengamos la enorme producción de los cultivos industriales, pero, a cambio, cosecharemos hortalizas más sabrosas y saludables, al tiempo que seremos respetuosos con el medio ambiente.

¿Cuándo abonar?

Normalmente, se abona el huerto a mediados o finales de invierno, para que dé tiempo a que los nutrientes se incorporen adecuadamente antes de que las plantas más exigentes los demanden. Durante las etapas de floración y fructificación conviene aportar algo de compost diluido en agua porque son los momentos en los que más recursos se consumen. En las primeras etapas del crecimiento es interesante aplicar pulverizaciones de purín de ortigas para fortalecer las plantas, prevenir enfermedades y mantener alejados a los parásitos. A finales de verano, se puede sembrar abono verde que crecerá hasta la primavera, o por lo menos hasta que las heladas acaben con él, si vivimos en un clima frío.

EL COMPOST

Es el resultado de la descomposición aerobia de la materia orgánica en sustancias simples, en las condiciones adecuadas de humedad, temperatura oxigenación, pH, etc. Esto puede parecer complicado, pero realmente el compost no es más que la materia orgánica que nos sobra, como restos de verduras, hojas secas, paja, etc., y que se convierte en nutriente para nuestro huerto gracias a la acción de bacterias y otros microorganismos.

Este humus es relativamente simple de hacer, nos permite conseguir un fertilizante de alta calidad a la vez que nos deshacemos de un gran volumen de basura evitando colmar innecesariamente los vertederos urbanos. Sólo se necesita un metro cuadrado de espacio, y tener ganas de obtener un abono gratuito ayudando al medio ambiente.

¿Cómo hacer compost?

Lo más importante es que se consiga a partir de una descomposición aerobia, es decir, en presencia de oxígeno. Por lo tanto, la pila de compost debe estar siempre bien aireada, porque en caso contrario la materia orgánica fermentará produciendo metano, amoniaco y otros productos que generan mal olor y que no son buenos para la tierra.

En primer lugar hay que elegir un sitio en el que se vayan a apilar los residuos. Se puede hacer un simple montón donde se van echando los restos, pero es mucho mejor fabricar una «compostadora»

colocando tres palés en vertical en forma de cuadrado contra un muro que hará las veces de fondo. Estas plataformas sujetan la pila de compost y permiten el paso del aire por sus huecos, a la vez que ayudan a mantener la temperatura necesaria para las reacciones de descomposición. Es importante que el fondo de la «compostadora» esté en contacto con el suelo, porque de él llegarán las lombrices y los microorganismos que se encargan de la descomposición de la materia. Asimismo, debe colocarse en un lugar no muy soleado para que no se reseque la pila de compost.

A continuación, se coloca en el fondo un lecho de unos 10 cm de material leñoso como ramas para facilitar la aireación. Después, se añade algo de estiércol o de compost maduro, y se van alternando capas de materia orgánica bien mezclada y a ser posible triturada, aunque tampoco es imprescindible. Pasados un par de meses conviene dar la vuelta al montón con la ayuda de una horca o una pala, para airearlo bien.

Finalmente, cuando hemos alcanzado la altura máxima, se tapa la parte superior con un plástico o con una tabla para que no se pierda el calor y la humedad además de para aislarlo de la lluvia, y se espera a que el compost esté bien maduro para poder aplicarlo sobre la tierra del huerto. Sabremos el punto óptimo porque tendrá la apariencia de una tierra negra suelta con un suave olor a suelo de bosque, y no se reconoce ningún material de los que originalmente se aportaron. Normalmente, el compost tarda unos seis meses en madurar, siempre y cuando las condiciones sean adecuadas.

Es de gran utilidad tener dos «compostadores», uno donde esté el más maduro, y otro en el que se va añadiendo materia orgánica para formar un nuevo montón.
Así, siempre, se dispone de compost maduro y el proceso se puede hacer en continuo.

¿Qué echar a la pila de compost?

Los materiales recomendados son los siguientes:

– **Restos de cocina:** mondas de fruta, sobras de verduras, cáscaras de huevo, posos de café y bolsas de infusiones. Las mondas de cítricos, en cantidades muy pequeñas, ya que son bastante ácidas.

– **Residuos del trabajo en el jardín:** podas, césped, hojas secas, paja, etc.

– **Estiércol** de animales herbívoros, gallinaza, etc.

– **Ceniza vegetal**, en pequeñas cantidades, porque tiene mucho potasio.

– **Serrín, papel (sin tinta) y cartón.**

– **Algas marinas**, si se dispone de ellas. Son muy ricas en oligoelementos.

Existen materiales ricos en carbono como la paja y las hojas secas, y otros que tienen gran cantidad de nitrógeno como los restos de cocina o el estiércol de animales. Es muy importante que se mezclen ambos tipos de restos en una proporción equilibrada. Si hay exceso de los primeros, el compost estará seco, mientras que demasiados materiales ricos en nitrógeno provocan un exceso de humedad que impide la correcta aireación.

No todos los restos son aptos para compostar, y algunos de ellos son claramente desaconsejables ya que no sólo no favorecen las reacciones de descomposición sino que además, pueden ser peligrosos y portadores de enfermedades. Está prohibido echar a la pila los siguientes materiales:

- Restos animales, huesos, pieles, etc.
- Aceite.
- Excrementos humanos.
- Hojas y otros restos de plantas enfermas.
- Medicamentos o cualquier otro residuo peligroso.
- Materias inorgánicas como piedras, escombros.
- Plásticos, pinturas y cualquier resto no biodegradable o de procedencia sintética.

Ventajas del compost

Su fabricación casera y su posterior incorporación al huerto, presenta importantes ventajas:

- Mejora la estructura de la tierra, aumentando su capacidad de retener la humedad y favoreciendo la ventilación.
- Aumenta la cantidad de materia orgánica y de nutrientes del suelo.
- Se reducen y se aprovechan los residuos que generamos y que acaban en un vertedero.

En resumen, hacer compost es una forma sostenible de conseguir buen fertilizante natural para nuestro huerto sin gastar dinero.

Solución de problemas

Las reacciones químicas que se producen en el proceso de compostaje son complejas, y es imposible tener un control total sobre ellas en un entorno no industrial o de laboratorio. Sin embargo, existen algunos indicadores que nos pueden dar pistas de que algo no va bien, en cuyo caso podremos poner remedio. Los problemas más comunes que puede presentar la pila de compost son los siguientes:

– **Si el montón no se descompone y tiene color blanquecino,** probablemente sea debido a que esté demasiado seco. Para remediarlo hay que humedecerlo un poco y volver a mezclar.

– **La existencia de malos olores** ocurre cuando se está produciendo alguna molécula volátil indeseada en las reacciones, como metano o amoniaco. Esto suele darse en casos de exceso de humedad y falta de ventilación. Se debe extraer la materia compactada, mezclarla con restos secos y remover bien.

– **En caso de que se observen demasiadas moscas alrededor** de la pila, conviene enterrar los restos más crudos entre la pila para controlar su proliferación.

¿Cómo utilizar el compost?

Dependiendo del tiempo que haya pasado desde la adición de los restos al montón y de la calidad del proceso, podemos encontrarnos el compost en tres estados diferentes, según su grado de descomposición:

– **Compost fresco:** la descomposición de la materia orgánica no se ha completado y todavía se distinguen algunos de los materiales aportados. Hay que aplicarlo directamente sobre la tierra, sin mezclar. Nunca se debe enterrar porque se pudriría al no disponer de suficiente oxígeno.

– **Compost maduro:** tiene aspecto de tierra negra suelta y no se diferencian los restos. Se extiende directamente sobre la tierra o mezclado en superficie.

– **Compost viejo, también llamado mantillo:** es el que tiene más de un año de curación y está muy descompuesto. Se puede mezclar con la tierra e incluso enterrar.

Método del compostaje en superficie

Hay un método más sencillo que el compostaje convencional para aportar materia orgánica al suelo, que consiste en ir añadiendo todos los restos óptimos directamente a la superficie del suelo, finamente triturados. De esta manera, la descomposición microbiana

se realiza en el emplazamiento definitivo, y no se pierde ningún nutriente. Posiblemente, este método sea más eficaz que el compostaje en pila o montón, pero tiene las desventajas de que es obligatorio triturar los restos para facilitar la descomposición, y de que tendremos el huerto cubierto por una capa de residuos a medio descomponer durante todo el año, con el impacto visual y estético que esto conlleva.

EXTRACTOS DE PLANTAS

Ciertas plantas como la ortiga, la cola de caballo o la consuelda tienen propiedades antisépticas, repelentes de insectos o preventivas de enfermedades. Los extractos, a veces también llamados purines, consisten en las maceraciones de estas plantas en agua fría, para su posterior aplicación en la huerta, normalmente en forma diluida.

Virtudes de los extractos

Según la especie que se haya utilizado para el preparado, sus propiedades varían y se puede aplicar como remedio de diversos problemas. Uno de los extractos más versátiles y recomendables para empezar es el de ortigas, que tiene las siguientes propiedades:

- Estimula el crecimiento y previene la aparición de hongos.
- Protege contra el ataque de los pulgones y de la araña roja.
- Aporta gran cantidad de nitrógeno asimilable.
- Refuerza a la planta. La hace más resistente a adversidades.

Preparación

Es similar en todos los casos y consiste en recolectar la especie en cuestión, eliminar las ramas grandes, y añadir en torno a 1 kg de hojas picadas frescas por cada 10 l de agua sin cloro. En el caso concreto del extracto de ortigas, la cantidad recomendable es de 800 g por cada 10 l.

El preparado se deja en un cubo de plástico en un lugar sombreado y aireado, removiendo un par de veces al día para favorecer la disolución del oxígeno necesario para la fermentación.

El preparado estará de 5 a 15 días, según la temperatura, pero sabremos que está listo cuando se dejen de producir burbujas debidas a la fermentación —no hay que confundir las burbujas que se producen al remover, con las de la fermentación—. Una vez alcanzado este punto, se debe filtrar bien el contenido y conservarlo en frascos o botellas cerradas, que se almacenarán en un lugar oscuro y fresco. Es aconsejable usar todo el envase una vez abierto, por lo que es útil guardarlo en recipientes pequeños.

Si el extracto está bien hecho, no debería oler mal. Estos preparados sí tienen un fuerte olor característico pero no es desagradable; si oliese a podrido, es que la fermentación no se ha realizado con la suficiente cantidad de oxígeno, en cuyo caso el extracto no valdría.

El momento adecuado para la recolección de las plantas es antes de que estas florezcan, así los nutrientes están en el tallo y las hojas, y todavía no se habrán degradado para crear las flores.

Es importante hacer las extracciones por separado, porque no todas las plantas fermentan bajo las mismas condiciones. La fermentación de una planta podría frenar, o incluso parar la de otra especie.

Las plantas aromáticas son muy aptas, en general, para este tipo de extractos debido a su alta concentración en aceites esenciales.

Es importante que el agua para la preparación no contenga cloro, porque los microorganismos encargados de la fermentación se morirían. Si no dispones de agua de lluvia, puedes emplear agua corriente dejándola unos tres días en un cubo para que el cloro se evapore. La temperatura del agua es importante, mejor que esté entre 15 y 20 °C.

Aplicación

La forma más efectiva de aplicar los extractos es pulverizar una dilución en agua al 5 por ciento sobre las plantas jóvenes, cada una o dos semanas, para fortalecerlas y estimular su crecimiento. Es preferible no hacer esta aplicación en las horas centrales del día, sino durante las primeras o últimas horas del mismo.

Otra forma de aplicación es en riego diluido al 20 por ciento sobre todo durante el trasplante y en la temporada de fructificación.

OTROS ABONOS ORGÁNICOS NATURALES

Estiércol de animales

El de los animales domésticos es muy recomendable como aportación al huerto, por su alto contenido en elementos esenciales y materia orgánica. Siempre ha de pasar por la «compostera» previamente a su utilización, para eliminar los organismos patógenos y para que los nutrientes que contienen se descompongan y sean asimilables por las plantas.

Todo estiércol ya sea de cabra, oveja, vacuno, equino, gallinaza, palomina o guano debería provenir de animales alimentados

siguiendo las pautas de la ganadería ecológica, y que no hayan consumido antibióticos o esteroides de forma indiscriminada.

La gallinaza o excremento de gallina es muy rica en nitrógeno, y es un complemento perfecto para fertilizar la tierra, pero es importante no aplicarla húmeda, sino después de compostada, o bien seca y mezclada con paja.

Humus de lombriz

El humus de lombriz o vermicompost es el resultado de la actividad descomponedora de las lombrices sobre la materia orgánica. Normalmente se emplea para ello lombriz roja de California, que tiene una impresionante capacidad reproductora. Se van colocando capas de materia orgánica en un cubo especial de fabricación casera o comercial, que está lleno de estas lombrices, y del que se extrae el humus de lombriz completamente formado.

El método del «vermicompostaje» proporciona un abono de altísima calidad en un tiempo muy corto y ocupando poco espacio, pero requiere de cierta técnica.

ABONO VERDE

La técnica del abono verde es empleada por la agricultura tradicional desde tiempos remotos. Se trata de cultivos que se utilizan para abonar el suelo, al cortarlos e integrarlos en él triturados o picados. Para ello, se siembran plantas leguminosas o forrajeras, que tienen la propiedad de que las bacterias que viven en sus raíces fijan el nitrógeno atmosférico al suelo, enriqueciéndolo. Algunas de las especies empleadas son: veza, guisante, habas, trébol y alfalfa. También se utilizan crucíferas como el nabo forrajero o la mostaza, y gramíneas como la avena o el centeno. Lo mejor es emplear como abono verde una mezcla de leguminosas, gramíneas y crucíferas, para conseguir un aporte de diferentes nutrientes y mantener un suelo más equilibrado.

Una buena idea es sembrar abono verde en zonas que han quedado desocupadas en un momento dado de la temporada, como tras la recolecta de las patatas.

El mejor momento para segar es justo cuando las plantas van a empezar a florecer, para que el aporte de nitrógeno sea total y rápido. Pero hay que dejar que se desarrolle bien la planta para que el aporte de humus sea mayor.

Después se tritura la materia vegetal, si es posible, y se incorpora en la parte superficial de la tierra, sin enterrarla para que no se pudra, o bien se deja que se descomponga en la superficie.

Todos los sistemas de riego

Todo ser vivo necesita agua para sobrevivir. En la naturaleza, los vegetales toman el agua que hay disponible de forma natural en el entorno, ya sea del suelo, del aire o directamente de una reserva o fuente de agua, como en el caso de algunas plantas acuáticas. Pero cuando se trata de plantas cultivadas, hay que tener en cuenta que, en muchas ocasiones, se trata de especies que provienen de otros climas y que tienen unas necesidades hídricas que no se pueden satisfacer de forma natural en nuestra zona. Por ello, es importante contar con algún sistema de regadío que, además, nos permite controlar el aporte de agua que tiene cada variedad sembrada en el huerto. Si la temporada es suficientemente lluviosa, siempre se puede regar menos.

TIPOS DE RIEGO

Riego por goteo

Lo más recomendable es instalar un sistema de riego por goteo. Requiere de cierta inversión y trabajo inicial, pero a cambio nos permitirá ahorrar gran cantidad de agua y tiempo. Otra ventaja de

este método es que al dejar caer las gotas en el lugar en el que está la planta cultivada, el resto del suelo se mantiene seco, con lo que se dificulta la proliferación de las hierbas adventicias.

En cualquier vivero o tienda de suministros para jardín encontraremos gran variedad de tuberías y accesorios para nuestro sistema de goteo. Lo normal es colocar una tubería de 16 mm de diámetro; la podemos comprar con perforaciones ya hechas a una distancia de uno 30 o 50 mm. El primer tipo de tubería perforada es adecuada para plantas que necesitan menor espacio, como pimientos o berenjenas, mientras que la segunda nos valdría, por ejemplo, para tomateras. Otra opción con la que podemos crear un sistema mucho más a medida es poner tubería lisa y colocar en ella goteros a la distancia requerida. Lo importante es que la gota de agua caiga lo más cerca posible de la planta, pero preferiblemente sobre la tierra y no sobre el tallo, para que éste no se pudra.

Además de la tubería existen todo tipo de accesorios como: codos, tapones, «tes», llaves de corte, etc. También se venden difusores y microaspersores que en vez de dejar caer una gota en el sitio exacto, pulverizan agua a su alrededor. Estos elementos son muy

útiles para el riego de zanahorias o cebollas, por ejemplo, en los que colocar un gotero en cada planta es inviable.

Una opción interesante es formar una red haciendo sectores, de manera que cada sector riegue sólo un tipo de planta, o varios tipos con las mismas necesidades hídricas. En el inicio de cada sector pondremos una llave de corte, de modo que se pueda regular la cantidad de agua que va a cada sector. Así, el control que tenemos sobre el riego de cada especie de nuestro huerto es absoluto, sin tener que realizar ningún esfuerzo. Si, por ejemplo, vemos que las lechugas se están regando poco en comparación con los calabacines, cerraremos un poco la llave de estas últimas y abriremos más la de las primeras.

Si en tu red de riego instalas una electroválvula con un programador te olvidarás de tener que regar, y podrás irte de vacaciones sin tener que pedirle a un vecino o familiar que vaya a regar.

Riego por aspersión

Este sistema se emplea en grandes extensiones de ciertos cultivos como maíz o patata. Derrocha bastante agua y propicia la aparición de innumerables hierbas adventicias. No tiene mucho sentido en pequeños huertos caseros, ya que necesita de una instalación similar en cuanto a envergadura y precio a la del riego por goteo, por lo que no aporta ninguna ventaja. Sólo es útil para hortalizas de raíz en las que el goteo es inviable, como zanahorias, nabos, remolachas o rábanos, pero para ello lo mejor es instalar microaspersores en la red de goteo, los cuales son mucho más baratos que los aspersores grandes y despilfarran menos agua.

Riego por inundación

Es el método empleado tradicionalmente en huertos pequeños y grandes. Sólo es viable cuando se dispone de agua ilimitada. Consiste en realizar surcos paralelos con la azada, colocando la tierra extraída de los mismos en las partes elevadas o caballones que quedan entre medias de dos surcos. Las hortalizas se siembran en los caballones, y los surcos se inundan de agua cada vez que se requiere regar. Al estar los tallos de las plantas por encima del nivel del agua, se evita la putrefacción de los mismos, al tiempo que se obliga a las raíces a penetrar más profundamente en la tierra para conseguir el agua. Este método también es útil para el control de las hierbas adventicias, ya que se concentrarán sólo en los surcos, facilitando su eliminación con una azada. Además del elevado gasto de agua, hay que estar atento durante todo el tiempo del riego y mantener los surcos en buen estado y con una inclinación apropiada para que el agua fluya.

¿CUÁNDO REGAR?

El mejor momento del día para regar es la tarde, una vez que el sol ha caído. Así se minimiza la evaporación del agua y éste se aprovecha mejor. Las plantas agradecen un riego refrescante después de un abrasador día de verano.

Algunas especies requieren mayor cantidad de agua que otras, pero, en general, es fácil observar cuándo una planta se está marchitando por falta de riego. Lo que no es tan fácil de observar son los problemas asociados al exceso de agua, como la putrefacción de las raíces o la aparición de hongos. Por ello hay que tener cuidado y no regar desmesuradamente. Hay que poner especial atención con los calabacines y pepinos, que pueden desarrollar oídio si se mojan demasiado las hojas. Hay que ser precavido con las hortalizas de raíz, y con aquellas que posan sus frutos en el suelo, como la calabaza, ya que la humedad excesiva del suelo puede pudrirlos.

No es recomendable regar en exceso antes de la recolección, puesto que los frutos tienden a hincharse de agua y suelen perder sabor.

En ciertas ocasiones, cuando las plantas de gran desarrollo vertical como las tomateras se encuentran en la fase inicial de su crecimiento, viene bien someterlas a un pequeño estrés hídrico puntual, es decir, dejar de regarlas durante dos o tres días (evidentemente

sin que se lleguen a marchitar) para que desarrollen mejor las raíces al verse obligadas a buscar agua en la profundidad.

Es mejor regar de forma regular, para mantener una humedad constante. La época en la que las plantas, normalmente, necesitan mayor humedad es cuando el fruto está creciendo, así como en las primeras semanas de vida, en las que sus cortas raíces no pueden captar tanta agua.

En hortalizas de hoja como espinacas, acelgas, coles y lechugas, el periodo de mayor necesidad es antes de alcanzar la madurez, mientras que para tomates, pimientos, judías, calabacines, pepinos y guisantes, la mayor demanda es cuando se forman las flores y se desarrollan los frutos. Los cultivos de raíz, como zanahorias, rábanos y remolachas, requieren un riego moderado durante la estación de desarrollo y un poco mayor cuando las raíces comienzan a crecer. Después, hay que disminuir nuevamente la cantidad de agua.

Necesidades de riego de cada especie

1 gota: 💧 poco riego.
2 gotas: 💧💧 riego moderado.
3 gotas: 💧💧💧 riego abundante.

Ajo	💧
Albahaca	💧
Berenjena	💧💧💧
Calabacín	💧💧
Calabaza	💧💧
Canónigo	💧💧💧
Cebolla	💧
Cebollino	💧💧
Cilantro	💧💧
Coles	💧💧💧
Comino	💧💧
Eneldo	💧💧
Escarola	💧💧💧
Espárrago	💧
Espinaca	💧💧💧
Frambuesa	💧💧💧
Fresa	💧💧
Girasol	💧💧
Guisante	💧💧
Habas	💧💧
Hierbaluisa	💧💧
Hinojo	💧
Judía	💧💧💧
Laurel	💧
Lechuga	💧💧💧
Lufa	💧💧
Melón	💧
Menta	💧💧💧
Nabo	💧💧
Orégano	💧💧
Patata	💧💧
Pepino	💧💧
Perejil	💧💧
Pimiento	💧💧💧
Puerro	💧💧
Rábano	💧💧
Remolacha	💧💧
Romero	💧
Tirabeque	💧💧
Tomate	💧💧💧
Tomillo	💧
Zanahoria	💧💧

Las técnicas de cultivo más exitosas

para convertirte en un experto horticultor

LA REPRODUCCIÓN DE LAS PLANTAS

La reproducción de los vegetales es un asunto complejo, ya que existen multitud de mecanismos para llevarla a cabo. Sin embargo, la mayoría de las hortalizas se reproducen mediante sus semillas, en lo que se llama reproducción sexual. Existen también algunas plantas de cultivo que tienen la capacidad de replicarse formando un organismo genéticamente idéntico a sí mismo mediante diversos sistemas, como estolones o hijuelos. Es lo que se denomina multiplicación vegetativa.

Semillas

Casi cualquier planta de las normalmente cultivadas como hortaliza se puede obtener plantando sus semillas, siendo en algunos casos muy sencillo obtener éxito, mientras que en otros cultivar a partir de semillas se convierte en un auténtico reto.

– Las especies más sencillas y recomendables para comenzar a cultivar a partir de semilla son: judías, guisantes, habas, rabanitos, zanahorias, girasoles, patatas, remolachas y nabos.

– Algunas hortalizas de dificultad media son: calabacines, calabazas, melones, tomates, pimientos y berenjenas.

– Más complicado es conseguir buen resultado sembrando semillas de cebollas, espárragos, espinacas, coles o puerros.

Casi todos los tipos de plantas se pueden cultivar adquiriendo directamente en un vivero los plantones o matitas ya germinados y desarrollados, lo cual es muy cómodo y ventajoso sobre todo con especies de relativa dificultad. Pero para las más sencillas se puede intentar sembrar las semillas y es casi seguro que se obtendrán buenos resultados enseguida. Lo importante es conseguir semillas de calidad para lo cual lo mejor es comprarlas. En todas las tiendas especializadas se pueden encontrar gran diversidad de semillas seleccionadas, de las cuales podemos elegir las más adaptadas a nuestro clima. También existen mercadillos, asociaciones y grupos de intercambio en los que conseguir semillas de variedades locales, e incluso de cultivo ecológico. Por supuesto, es posible utilizar semillas producidas por nosotros mismos, pero hay que seleccionar siempre las de las mejores matas, y es importante saber que hay ciertas especies que se hibridan, por lo que al plantar las semillas probablemente no obtengamos la variedad deseada de la cual provienen. Esto ocurre con coles y tomates, entre otras. También se pueden obtener buenas semillas de melones, calabazas y pimientos comprados en fruterías. Sólo hay que dejar que los frutos maduren bien y sacar las semillas después.

La conservación de las semillas es muy importante, debiendo realizarse siempre en un lugar seco, fresco y oscuro. Se pueden utilizar bolsas herméticas de plástico, o botes —bien lavados previamente— de los que se usan para guardar medicinas que tienen un material absorbente de la humedad o higroscópico en la tapa.

Esquejes

Éste es un método de multiplicación vegetativa con el que se obtiene una planta idéntica genéticamente a la planta madre. Se corta un tallo o rama tierno o leñoso, según la especie, y se inserta en una maceta con tierra de calidad y compost, manteniéndolo húmedo para que enraíce.

Acodo

Algunos arbustos son muy aptos para la reproducción por acodo. como los frambuesos o los groselleros. Este método consiste en doblar una rama sin partirla, y sujetarla al suelo o a una maceta con tierra mediante una «u» de alambre gordo clavada en el suelo. A continuación, se cubre con compost la parte de la rama en contacto con el suelo para que

quede enterrada, y se riega. Al cabo del tiempo, cuando la planta haya enraizado en ese punto, se corta la rama liberando la nueva planta, que se trasplanta a otro lugar.

Estolón

Ciertas especies como las fresas echan estolones, tallos alargados en cuyo extremo brotan hojas y raíces que al tocar el suelo arraigan y forman una nueva planta. La multiplicación por estolones es muy sencilla, tan sólo hay que cortar el estolón y trasplantar la nueva planta así obtenida a otro lugar. Si se deja que los estolones producidos por las fresas enraícen en la tierra, veremos como al cabo de dos o tres años el bancal de fresas se habrá expandido todo lo que le hayamos permitido.

Hijuelos

Hay vegetales que producen nuevos individuos a partir de sus raíces, de las que brotan las nuevas plantas llamadas hijuelos. Si se arrancan con cuidado cortando parte de la raíz y se trasplantan en otro lugar, la probabilidad de que arraiguen y prosperen es alta. Esto ocurre con matas como los frambuesos o las zarzamoras, y con árboles como el chopo y el álamo, por ejemplo. También es muy habitual que las tomateras produzcan hijuelos, en cuyo caso hay que arrancarlos o trasplantarlos para que no resten fuerza a la planta.

LA SIEMBRA

La siembra directa y el semillero

La siembra puede efectuarse colocando las semillas en su emplazamiento definitivo, como es el caso de las leguminosas, rábanos, zanahorias, patatas, remolachas, nabos, girasoles o lechugas.

Otras veces, dado que ciertas plantas necesitan bastante tiempo para desarrollarse y no toleran el frío, no es posible realizar una siembra directa, siendo necesario cultivar en semillero durante una primera etapa, realizando un posterior trasplante al sitio definitivo en el huerto cuando las temperaturas lo permiten. Este es el caso de tomates, pepinos, calabazas, calabacines, berenjenas, pimientos, etc.

Para cultivar en semillero, lo más fácil es guardar las planchas de macetitas de plástico en la que vienen los plantones que adquirimos en los viveros, y utilizarlas para preparar el semillero, aunque también hay macetitas especiales de semillero que son biodegradables. Las macetitas se rellenan con tierra de semillero, que se

puede adquirir en los centros especializados, y tiene una composición y estructura especial para este uso. Otra opción es utilizar una caja de poliestireno expandido, y realizarle alguna perforación por la parte inferior para permitir el drenaje.

Después de añadir la tierra se siembran las semillas, enterrándolas a continuación con una fina capa de tierra, de un espesor de tres a cuatro veces el tamaño de la semilla. No es necesario poner muchas semillas en cada macetita, normalmente con seis u ocho nos aseguramos que germinen al menos cuatro. Una vez realizada la siembra hay que regar el semillero.

Debe colocarse en un sitio luminoso, cálido y la tierra no se debe quedar seca en ningún momento, aunque tampoco debe estar encharcado ya que el exceso de agua pudre las semillas y los brotes. Una opción para preservar la humedad es cubrir el semillero con una tapa de plástico fino y transparente para que deje pasar la mayor fracción de luz posible. Esta tapa evita que se escape al ambiente el agua que se evapora de la tierra, creando un micro-clima más húmedo en el semillero.

Cuando las plantas han germinado y tienen uno o dos centímetros de altura, se quita la tapa para que les de la luz. Si el semillero no recibe bastante luz, las plantitas tenderán a espigarse al tratar de buscarla, creciendo en altura pero sin fuerza, y terminarán por doblarse y morirse. Si no tiene suficiente temperatura, las semillas no lograrán germinar, y si tiene demasiada, es posible que las plantas acaben por secarse. La temperatura ideal para la mayoría de las semillas es de unos 21 °C.

Una vez brotadas las plantitas, es necesario aclarar el semillero, dejando sólo las plantas más fuertes y como mucho una o dos por macetita.

El repicado

Cuando el semillero se nos ha quedado pequeño, porque las plantitas ya tienen cierta envergadura, pero todavía es pronto para trasplantarlas al huerto, se realiza el repicado, que es una actividad intermedia entre la siembra y el trasplante. El repicado consiste en extraer las plantas del semillero y plantarlas en una maceta un poco mayor, que contenga un buen sustrato.

Las matitas se deben extraer cuidadosamente de forma que no rompamos las raíces ni las hojas. Para ello, es conveniente regar el semillero antes, de modo que el cepellón salga fácilmente junto con las raíces de la planta. A continuación, se realiza un agujero en el sustrato que contiene la maceta, para colocar la planta en él. Si fuera necesario, se cubre con más sustrato y se riega. Una vez los plantones se hayan desarrollado convenientemente y cuando el clima lo permita, se trasplantarán al sitio final.

El trasplante

En el momento adecuado según la especie, hay que trasplantar al huerto las matitas que se han desarrollado en el semillero, o que hemos adquirido ya formadas. La operación es similar a la del repicado, teniendo cuidado de no romper ni tocar las raíces.

El hoyo de plantación que se practica en el suelo debe ser suficientemente ancho y profundo para alojar el cepellón de la plantita trasplantada. Conviene remojar un poco este hoyo con agua, o mejor aún con extracto de ortiga diluido.

Al trasplantar, las dos hojas falsas que tienen la mayoría de las hortalizas deben quedar enterradas. Estas hojas se diferencian de

las demás porque son las primeras en salir y tienen una forma diferente al resto.

No conviene exponer las plantas al sol directo después del trasplante, por lo que es mejor realizarlo por la tarde o en un día nublado. Finalmente, hay que regar la planta después de trasplantar.

La siembra cercana

La siembra cercana parte del concepto de dejar sólo la separación estrictamente necesaria entre plantas. Es, por tanto, una técnica que se utiliza para aprovechar mejor el espacio en el huerto.

Se utiliza la plantación en tresbolillo, que consiste en sembrar las hortalizas dejando cada planta a la misma distancia de todas las que la rodean. Esto se consigue haciendo hileras contrapeadas en las que la separación entre plantas es la misma que la separación entre hileras. El resultado, si se mira desde arriba, es que las plantas forman un mallado de hexágonos regulares, que es la forma geométrica que mejor optimiza el aprovechamiento del espacio, y por ello es la empleada por las abejas para construir sus panales.

La separación adecuada entre plantas es aquella en la que las hojas llegan a tocarse cuando las plantas están completamente desarrolladas. Al utilizar la técnica de la siembra cercana se mantiene mejor la humedad del suelo y se controlan las malas hierbas, ya que las plantas crean una capa de sombra que no las deja prosperar. Para que este sistema funcione bien, es necesario realizar un cavado profundo y tener buena fertilización. Las especies más adecuadas para la siembra cercana son las de hoja, como lechugas, espinacas, coles o rúculas.

CUIDADOS TRAS LA SIEMBRA

Mientras las plantas están desarrollándose en el huerto, es necesario realizar ciertas actividades de mantenimiento, destinadas a mejorar el crecimiento y salud de las hortalizas y a aumentar el rendimiento de la producción.

Aclareo

Consiste en eliminar alguna de las plantas jóvenes o recién brotadas cuando éstas están muy juntas. Se realiza en especies que se siembran a partir de semilla, a voleo o en hileras, como zanahorias, rábanos, remolachas y nabos. Dado que el número de brotes es mayor que el de plantas que pueden llegar a prosperar, es necesario eliminar las más débiles para que las más fuertes puedan desarrollarse. Hay que tener cuidado de no dañar las plantas seleccionadas al arrancar las demás. Se facilita la tarea si el suelo está húmedo.

Escarda

La escarda no es más que la eliminación de las malas hierbas o hierbas adventicias. Lo mejor es quitarlas a mano, tirando de ellas o escarbando un poco con la ayuda de una azadilla. Esta labor además de para eliminar la competencia de las hierbas adventicias, sirve para romper la costra dura superficial de la tierra y favorecer la oxigenación de la misma. Hay que intentar arrancar las malas hierbas de raíz, para evitar que vuelvan a aparecer.

Es recomendable llevar guantes para realizar esta operación, pues muchas de estas hierbas adventicias tienen pinchos y, algunas como la ortiga, son incluso urticantes. Además, como para otros trabajos en el huerto, es conveniente ponerse una faja protectora de la espalda para evitar lesiones.

El mejor momento para escardar es antes de que las hierbas adventicias florezcan, para anticiparse al momento en que formen semillas y las dispersen por todo el huerto, fomentando la aparición de más plantas.

Hay que huir de sustancias químicas como herbicidas, ya que pueden contaminar el suelo y afectar negativamente a las plantas que estamos cultivando.

Acolchado

Esta técnica, también denominada *mulching,* consiste en extender una capa de materia orgánica sobre el suelo alrededor de las plantas. Para ello, normalmente se emplea paja, en cuyo caso se llama también empajado, o hierba seca, aunque también es posible realizarlo con hojas secas y cartones humedecidos. Esta capa tiene que dejar pasar el aire y el agua hacia la tierra a la vez que evita la penetración de la luz. Los beneficios del acolchado son los siguientes:

- Se mantienen una humedad y temperatura más constantes en el suelo a la vez que se permite la circulación del aire, favoreciendo la actividad microbiana.
- Se evita la aparición de hierbas adventicias.
- Se impide la incidencia de la radiación solar sobre el suelo desnudo, así como el impacto directo de la lluvia, frenando la erosión y compactación del suelo.
- Hay una aportación de nutrientes a medida que la capa de acolchado se descompone, dando una fertilidad adicional al suelo.

Es recomendable para plantas como pimientos, berenjenas, calabacines, calabazas, tomateras, judías, y otras de elevado porte, mientras que en el caso de cebollas, ajos o zanahorias es mejor no acolchar.

Aporcado

Es una técnica que consiste en rodear los tallos de las plantas con tierra o compost, para propiciar la aparición de nuevas raíces y para que se sostengan mejor. Tomateras, patatas, berenjenas y matas de pimiento agradecen el aporcado, que se debe realizar cuando las plantas tienen dos palmos de altura.

Deshojado

Algunas hortalizas, a medida que van creciendo, van dejando de aportar nutrientes a las hojas más viejas, hasta que éstas se mueren. Al cortar esas hojas cuando empiezan a amarillear, se evitan enfermedades y se favorece la ventilación de la planta. Además se facilita la penetración de la luz a través del follaje, ayudando a la maduración de los frutos.

El deshojado es muy beneficioso para los calabacines, en los que se cortan las hojas muy viejas, que son además las más propicias para ser atacadas por el mildiu y el oídio. Al estar la planta más oxigenada se previene la aparición de estas enfermedades. Las tomateras también agradecen que se eliminen las hojas muertas, empezando por las más cercanas al suelo, que son las más viejas. De esta manera llega más luz a los frutos.

Poda

Las podas se pueden utilizar para dar una forma apropiada a las plantas de cara a obtener una producción más abundante y de mejor calidad. Por ejemplo, en las tomateras y berenjenas conviene eliminar los brotes auxiliares de las ramas para frenar el desarrollo vegetativo, favoreciendo así la fructificación del tallo principal y la correcta formación de la planta. Hay que cortar estos brotes cuando tienen 3 o 4 cm, empujarlos hacia afuera cuidadosamente con el pulgar para romperlos. La operación se ha de repetir periódicamente según la planta vaya formando nuevos brotes. La poda en el pimiento se hace para delimitar el número de tallos con los que se desarrollará la planta, normalmente 2 o 3.

Pinzamiento

Consiste en cortar el tallo principal de una planta por encima de la cuarta o quinta hoja con objeto de que se ramifique. Este método ayuda a incrementar la producción de algunas hortalizas como la calabaza, el melón, la sandía o el pepino.

El pinzamiento también se realiza con el objetivo de que la planta concentre los nutrientes en los frutos, en vez de en la producción

de nuevas flores y hojas. En este caso, se cortan los finales tanto del tallo principal como de los secundarios en un momento dado de la cosecha, por ejemplo a finales de agosto, cuando se prevé que los frutos nuevos que aparezcan no llegarán a madurar y se quiere asegurar la maduración de los ya existentes.

Entutorado

Existen ciertas hortalizas que, por su tipo de desarrollo vertical, requieren soportes, llamados rodrigones, para poder apoyarse en ellos. También hay plantas trepadoras que necesitan enganchar sus zarcillos a alguna estructura, tutor, o incluso a otra planta, para seguir creciendo.

El mejor momento para entutorar es justo antes de la plantación, de manera que se evita dañar las raíces. Hay que instalar junto a cada planta, clavándolos en el suelo, rodrigones o tutores de la altura adecuada a cada tipo de hortaliza de modo que puedan sostener el tallo en toda su longitud y así soportar el peso de los frutos. Para las plantas de pequeño tamaño como judías de mata baja y pepinos, los tutores deben ser de 50 cm de altura, mientras que para las judías y tomateras deben tener al menos 150 cm.

Los rodrigones se pueden colocar completamente verticales, atando cada una de las plantas suavemente con cinta de rafia o cuerda a su tutor correspondiente, con cuidado de no dañarlas. Es conveniente colocar una cuerda horizontal a media altura y otra en la parte más alta uniendo todos los rodrigones de la misma hilera, para ayudar en la sujeción de las plantas.

Otra forma muy práctica de instalar los rodrigones, sobre todo para las tomateras, es crear una estructura en forma de «v» invertida. Para ello se siembran las plantas en dos hileras paralelas, colocando en cada planta un rodrigón ligeramente inclinado hacia la otra hilera. De este modo, cada pareja de tutores intersecan en la parte más alta, formando un vértice, punto en el cual se atan entre sí con cuerda o con una brida de plástico. En la parte superior de la estructura se colocan varas horizontales similares a las empleadas como rodrigones, atándolas para que unan todos los vértices. El resultado es una estructura rígida con la forma de un tejado a dos aguas, capaz de soportar el peso de las plantas y los frutos, ya que al estar apoyado cada rodrigón en el que tiene enfrente, se contrarrestan parte de las fuerzas de empuje.

Para los guisantes se puede emplear un método similar el anterior, pero con varas más cortas, y recubriendo los laterales de la «v» invertida con malla pajarera metálica, de la que se utiliza en los gallineros. Esta malla facilita el enganche de los zarcillos de los guisantes, ayudándolos a trepar, al mismo tiempo que evita que los pájaros y otros animales se los coman.

Un cuarto sistema de entutorado, muy utilizado para las judías verdes, consiste en formar una especie de tienda de campaña como las que construyen los indios. Para ello se colocan de 3 a 5 rodrigones en círculo, inclinados hacia el centro, y unidos todos ellos en un mismo punto de la parte superior. De esta manera, las judías pueden trepar por ellos con facilidad, y el centro se mantiene bien ventilado.

Eliminación de frutos

En determinadas ocasiones, y aunque nos de pena, conviene eliminar parte de los frutos que produce una planta cuando todavía son pequeños, con el objeto de concentrar las fuerzas de la planta en los que se dejan para que lleguen a madurar. La eliminación de

frutos también tiene como finalidad aliviar el peso de las ramas de los frutales sobrecargadas, para evitar que se rompan.

En los árboles frutales, en los cuales todos los frutos se forman al mismo tiempo, este aclareo conviene hacerlo cuanto antes, en cuanto se detecta que la producción es excesiva, para no desperdiciar energía en el engorde de los frutos. En las hortalizas como las calabazas o los melones, sobre todo en climas frescos, se debe realizar un aclareo, hacia el final del verano, de los últimos frutos que se producen, si se observa que no van a llegar a madurar, para garantizarnos la maduración de los que salieron primero y están más desarrollados.

LA RECOLECCIÓN

En general se debe cosechar a menudo, y no permitir que los frutos y hortalizas maduren excesivamente en las plantas. Cuando se cosecha un fruto en su punto óptimo de maduración, no sólo está más sabroso, sino que además la planta puede dedicar más energía

para la formación y maduración de nuevos frutos. Por otro lado, si se dejan demasiado en la mata o en el árbol, los frutos acaban pudriéndose y convirtiéndose en focos de enfermedades.

Aunque si se les permite pueden alcanzar proporciones monstruosas, no conviene dejar crecer mucho los pepinos y calabacines, porque la carne se ahueca y endurece, y las semillas engordan demasiado.

Es interesante no regar las hortalizas justo antes de la recolección porque los frutos serán más acuosos, con la pulpa menos consistente, y se conservarán peor.

Se aconseja recolectar por la mañana, antes del pleno sol, cortando los pedúnculos que unen los frutos a la planta con un cuchillo limpio para que el tallo no se pudra, o arrancarlos suavemente girando la muñeca en un movimiento de torsión.

Las 10 herramientas más utilizadas

en la huerta

Existen muchos tipos de herramientas en el mercado y diferentes marcas, materiales y soluciones constructivas; pero para empezar a cultivar un huerto familiar es suficiente con tener un pequeño juego de aperos constituido por los imprescindibles.

Lo más importante, a la hora de adquirir una herramienta para ayudarnos en el trabajo en el huerto, es buscar el modelo que mejor se adapta a nosotros, comprobar que nos resulta cómoda al sujetarla, y verificar que es suficientemente ligera.

Las herramientas con mango de madera y utillaje de acero pueden sufrir dilataciones que, con el tiempo, acaba por soltarse el mango del utillaje si va encajado a presión. Un truco para remediarlo provisionalmente es sumergir la unión en agua unos minutos para que la madera se hinche, se dilate y se apriete mejor entre el acero y la madera.

Al realizar cualquier trabajo manual es importante ponerse guantes de jardinería para prevenir la aparición de ampollas, cortes o rozaduras. También hay que cuidar la espalda ciñéndose una faja lumbar, sobre todo para rastrillar, cavar y acarrear peso. Por supuesto, no debemos olvidar protegernos de la radiación ultravioleta: un gorro de paja ligero y transpirable y crema de protección solar nos ahorrarán muchos problemas en el futuro.

Azada y azadón

Son excelentes herramientas para la eliminación de hierbas adventicias de raíz, así como para labrar superficialmente y realizar zanjas y caballones. Existen multitud de tamaños, modelos y calidades, así que es fácil encontrar la que más se adapte a nuestro cuerpo y a nuestra forma de trabajar.

Horca

Es un apero con forma de tenedor, normalmente de tres o cuatro dientes. Clavándola y empujándola ligeramente con los pies, sirve para remover y oxigenar el suelo. Otra utilización es la de dar la vuelta al compost para airearlo. Para esta labor es más práctica que una pala, dado que pesa menos y los dientes se clavan muy bien en el compost a medio descomponer facilitando su manejo.

Pala

Conviene tener una pala para mover la tierra de un lugar a otro o para cargar el compost en una carretilla. Es útil para cavar cuando el suelo no está demasiado duro, pues de lo contrario es mejor ablandarlo primero con una azada o con una horca.

Pala de mano

Es un pequeño utensilio con una hoja alargada en forma de pala empleada para excavar los pequeños hoyos de trasplante. También se puede utilizar para extraer las raíces de las plantas adventicias.

Plantabulbos

Consta de un mango y un cono metálico acabado en punta que se introduce en la tierra para formar un agujero en el que se pueden sembrar bulbos, semillas, cebollas, ajos o puerros.

Pulverizador a presión

Para fumigar o rociar las plantas con extractos es necesario dotarse de un pulverizador. Este aparato consiste en un recipiente, normalmente de plástico, que se rellena con el líquido que queremos aplicar. Subiendo y bajando un émbolo manual se presuriza el contenido del recipiente, que está conectado mediante una manguera flexible a la pistola. Al apretar un gatillo situado en la pistola, se abre la boquilla y el líquido a presión sale pulverizado, es decir, en forma de pequeñísimas gotas mezcladas con aire. Normalmente, la boquilla está equipada con una tuerca de regulación para dosificar mejor la cantidad de pulverizado que queremos aplicar.

Rastrillo

Se utiliza para nivelar el terreno o esparcir el mantillo por el huerto, además de para apretar, con su parte plana, las tierra sobre los surcos una vez sembradas las semillas. También se emplea para recoger hojas secas y para eliminar las piedras de la superficie haciendo las veces de criba.

Regadera

Algo tan básico como una regadera no puede faltar en nuestro equipo de útiles para el cuidado del huerto. Una de las maneras más fáciles de enseñar a los niños a amar el trabajo en el huerto es regalarles una pequeña regadera y dejarles que nos ayuden a regar las macetas y las jardineras. Les divierte muchísimo.

Tijeras de mano

Para podar hortalizas y pequeños arbustos o para ayudarnos en la recolecta podemos servirnos de unas pequeñas tijeras de mano. Si tenemos que podar setos o frutales necesitaremos unas tijeras de poda que tienen un tamaño mayor. En cualquier caso, siempre deben estar bien afiladas y muy limpias, ya que al entrar en contacto con los tejidos de las plantas pueden transmitir enfermedades a los mismos.

Invernaderos

Hortalizas todo el año

En muchas zonas de la Península, el problema de tener un huerto es que las bajas temperaturas invernales impiden el cultivo de la mayoría de las hortalizas durante los meses más fríos. Para conseguir alargar la temporada de estas verduras estivales hay que recurrir a métodos artificiales, como el cultivo en invernadero.

Un invernadero no es más que una construcción cerrada formada en su mayor parte por materiales transparentes o translúcidos, que dejan pasar la luz a la vez que obstaculizan la salida del calor.

Los materiales más comunes para la estructura de los invernaderos son la madera y el aluminio aunque una opción económica y duradera es utilizar perfiles de acero pintados con una capa anticorrosión. Para el cerramiento transparente se emplea normalmente vidrio o metacrilato, aunque las láminas plásticas de polietileno son cada vez más comunes. El tamaño y forma de los

invernaderos es muy variopinto, y se debe adaptar a las necesidades de cada hortelano.

Se puede fabricar de forma casera si uno se siente capacitado, aunque siempre cabe la posibilidad de comprar un invernadero prefabricado, de montaje mucho más fácil. Una opción muy interesante es construir un invernadero adosado a una de las paredes de la vivienda, preferentemente a la pared sur para interceptar la mayor cantidad de luz posible. De este modo, el invernadero recibe menos luz que si fuera una construcción independiente, pero el calor que recibe de la vivienda compensa esta pérdida lumínica. Además, el aislamiento es mejor, ya que por la pared adosada no se pierde calor, sino que se transmite entre el invernadero y la vivienda; así en invierno el calor que sale de la vivienda se aprovecha para calentar el invernadero, y en verano la cámara de aire existente en éste actúa como aislante ayudando a que la vivienda se mantenga más fresca. Por si fueran pocas ventajas, el muro o tabique de separación se calienta durante el día al recibir la luz a través del invernadero, almacenando el calor y liberándolo lentamente por la noche, con lo cual la temperatura es más constante durante todo el tiempo.

El cultivo en invernadero es similar al cultivo en exterior en cuanto a cuidados de las diferentes hortalizas, si bien es cierto que la mayoría de las veces se realiza en mesas de cultivo para mayor comodidad. En este caso, la tierra debe ser de buena calidad y es necesario renovarla de vez en cuando, ya que se agota con mayor rapidez que en el suelo.

Hay que tratar de mantener una humedad constante en el ambiente para lo cual se pueden instalar rociadores y pulverizadores. Si el suelo se cubre de grava y se riega de vez en cuando, la evaporación ayudará a mantener dicha humedad. Es importante que el aire del invernadero se renueve, para lo cual se suelen dejar aberturas abatibles en la parte superior, algunas veces incluso dotadas de un pequeño ventilador.

En el invernadero se pueden plantar semillas en semillero para un posterior trasplante a la huerta de exterior, e intercalar hortalizas con cactus, plantas exóticas y orquídeas, que encontrarán en este ambiente artificial un lugar idóneo para regalarnos su exuberante belleza.

Cómo tratar las «malas hierbas»

Así se ha denominado tradicionalmente a todas aquellas plantas que no han sido sembradas por el hortelano, sino que crecen de forma espontánea a partir de semillas diseminadas por el viento o los animales. Sin embargo, no todas estas hierbas son tan malas como nos hace creer su nombre, y por ello quizá un término más apropiado sea el de «hierbas adventicias», no con ánimo de utilizar un eufemismo de los que están tan de moda, sino para darles un tratamiento más justo. Adventicio, en el sentido biológico del término, se refiere a algo que se desarrolla ocasional o accidentalmente en un sitio que no le corresponde. Y es cierto; en cualquier huerto es normal que aparezcan diversas plantas que no han sido invitadas y que pueden competir con las cultivadas por el agua, los nutrientes y la luz, pero hay que conocer bien si merece la pena eliminarlas antes de realizar el trabajo que esto conlleva.

Aprovechar todo

Algunas de las llamadas «malas hierbas» son de hecho comestibles, y en algunos lugares se cultivan para su consumo. Tal es el caso de las acederas, los dientes de león, la achicoria, la mostaza, las amapolas —de las cuales se recogen las semillas—, las collejas, etc. Conviene aprender a identificarlas para poder beneficiarse de ellas, considerándolas un regalo inesperado.

Proteger y mejorar el suelo

Es bien conocida la acción de la radiación solar como desinfectante —por eso es tan recomendable tender la ropa al sol—. Por esta cualidad de la luz, la exposición excesiva e intensa al sol daña el suelo destruyendo muchos de los microorganismos que habitan en él, por lo que es preferible mantener una pequeña capa de protección vegetal antes que la tierra completamente desnuda. Para ello, dejar sin arrancar cierto número de hierbas adventicias puede resultar muy útil.

Asimismo, las «malas hierbas» pueden mejorar el suelo, como ocurre en el caso de las leguminosas que fijan nitrógeno atmosférico. Un ejemplo de ello es el trébol. También hay otras hierbas adventicias o no deseadas, cuya raíz es muy profunda y eleva los nutrientes que hay en profundidad depositándolos en superficie, como es el caso de alguna especie de *Rumex sp.* Una vez que la planta ha tomado los nutrientes del suelo se corta y se devuelve al terreno o se añade a la pila de compost.

Conocer el terreno

Las hierbas adventicias pueden servirnos de pista para conocer mejor el suelo, ayudando a identificar posibles carencias o excesos de nutrientes. Por ejemplo, si crecen muchas ortigas, puede ser un indicativo de exceso de nitrógeno. Los cardos crecen en terrenos duros y compactos y, además, ayudan a ablandarlos con sus raíces. Con experiencia y conocimiento se puede obtener mucha información de las plantas silvestres que crecen en nuestro huerto.

Desherbar y escardar

A pesar de todo lo anterior, no interesa tener un huerto completamente invadido de hierbas adventicias, y su control regular, más que su eliminación total, es necesario para que las plantas cultivadas se desarrollen adecuadamente. Es importante mantener cierta limpieza en torno a los cultivos de porte bajo, como zanahorias, rábanos, remolachas, lechugas o cebollas, y hay que poner especial atención en las primeras fases de desarrollo de cualquiera de las demás especies. Una vez las hortalizas han alcanzado cierta envergadura, las hierbas adventicias no suponen mayor problema para ellas, a no ser que se hayan convertido en una verdadera plaga.

Métodos de control

Para eliminar las hierbas adventicias se pueden emplear diversos útiles disponibles en el mercado, como azadas o aporcadoras, o bien arrancarlas manualmente. Siempre hay que sacarlas con la raíz entera, pues si ésta se rompe, volverán a brotar. Hay que anticiparse y eliminarlas antes de que florezcan, porque la aparición de semillas propiciará su expansión.

El método del acolchado es una buena técnica que además de proteger el suelo evita la propagación de las hierbas adventicias al

privarlas de la luz solar. Consiste en disponer una capa de paja o hierba seca cortada sobre la tierra, de al menos 6 cm, que no sólo protege de la luz, sino que además conserva mejor la humedad y aporta nutrientes conforme se va descomponiendo, sin representar ninguna competencia para las plantas cultivadas. Da excelentes resultados con plantas de porte alto como tomateras, berenjenas o judías.

La plantación al tresbolillo de ciertas plantas, como coles o lechugas, es otra forma idónea para evitar que el suelo esté demasiado expuesto a la radiación, y evitar al mismo tiempo la aparición de hierbas adventicias. El tresbolillo consiste en sembrar hileras de plantas contrapeadas dejando entre ellas el espacio justo para su desarrollo. De esta manera, cuando las plantas alcanzan cierto tamaño, tupen todo el espacio horizontal disponible, impidiendo que se desarrollen otras especies, y dando sombra a todo el terreno. Para poder aplicar este método intensivo y aumentar la densidad de plantación, es necesario tener un suelo bien abonado y trabajado mediante la técnica de la cama de labor profunda.

Se puede engañar a las hierbas adventicias regando abundantemente un par de meses antes de la plantación para forzar la germinación de las semillas existentes en el suelo. Una vez las plantas

brotadas han alcanzado cierta altura se realiza el laboreo de la tierra, enterrándolas.

El riego por goteo nos facilitará, en gran medida, el control de las hierbas adventicias, ya que eliminadas éstas en primavera, su crecimiento se frenará en los meses de verano al no disponer de suficiente agua. Si tenemos riego por aspersión o por inundación, estas intrusas se beneficiarán de los excedentes disponibles.

Existen multitud de herbicidas en el mercado, pero su utilización en un huerto casero es completamente desaconsejable. El motivo de tener una huerta doméstica es poder consumir verduras de calidad, libres de productos químicos nocivos y contaminantes, y utilizar este tipo de compuestos sería tirar por la borda todo el trabajo que hemos enfocado hacia una producción natural y ecológica. Los herbicidas matan sin discriminación muchas plantas beneficiosas y si no se aplican en el momento y cantidades correctas pueden afectar a las propias hortalizas. El empleo de estos productos requiere cierto conocimiento y control, y puede incluso resultar peligroso.

Combate las plagas y las enfermedades más comunes

Como todos los seres vivos, las plantas son susceptibles del ataque de multitud de parásitos, virus, bacterias u hongos que desencadenan enfermedades. La mejor forma de luchar contra estos problemas es prevenir su aparición. Las plagas y microorganismos patógenos están presentes en el ambiente y conviven con nosotros, pero será tanto más complicado que lleguen a infectar a los organismos que colonizan cuanto mejor sea el estado de salud de éstos.

En el cultivo de las hortalizas es importantísimo cuidar el suelo manteniéndolo fértil y equilibrado, y aplicar las técnicas de rotación y asociación de cultivos. Esto, unido al resto de técnicas de la agricultura ecológica, nos ayudará a mantener las plantas más saludables, minimizando el riesgo de aparición de enfermedades. No obstante, es inevitable que, de vez en cuando, el sistema se desequilibre por uno u otro motivo, dando pie a la proliferación de alguna plaga o enfermedad.

Por supuesto, existen multitud de productos químicos desarrollados para combatir eficientemente la mayoría de las plagas y enfermedades de las plantas. Su manipulación y aplicación requiere de cierta formación, y a pesar de que muchos de ellos están a disposición del gran público, su empleo es desaconsejable en un huerto casero, en el cual lo que pretendemos es obtener hortalizas de calidad sin la aplicación de estos productos fitosanitarios.

El tema de las plagas y enfermedades de las plantas es extensísimo, y existen multitud de estudios al respecto, sobre todo relativos a las especies con interés comercial. A continuación, se presentan algunos de los problemas de salud más comunes en una huerta casera. A veces, su detección e identificación no resulta sencilla, por lo que el consejo de un especialista siempre nos puede ayudar.

PLAGAS

Araña roja

Son unas pequeñas arañas de color rojo, capaces de atacar un gran número de especies, dañando las hojas de las plantas que adquieren un color amarillento con puntitos amarillos o pardos, antes de arrugarse y secarse por completo. Los ambientes secos y calurosos son propicios para su desarrollo.

Los preparados a base de maceraciones de ortiga son muy eficaces para prevenir y tratar este problema, así como rociar las hojas de las plantas con agua, ya que la humedad no favorece a la araña roja.

Caracoles y babosas

Roen las plantas agujereando las hojas. Aunque son de hábitos más bien nocturnos, su presencia se detecta fácilmente porque dejan un rastro de baba por donde pasan.

Se deben recoger a mano, llevándolos a un sitio alejado del huerto, para que no destrocen los cultivos de hoja como lechugas y escarolas. También se pueden emplear trampas que consisten en un vaso enterrado con un cebo dulce como agua azucarada o cerveza.

Escarabajo de la patata

Esta plaga ataca fundamentalmente a la patata, pero también a otras plantas de la familia de las solanáceas. Los adultos ponen los huevos en el envés de las hojas. Las larvas, de color naranja, devoran con las hojas con avidez, defoliando las plantas.

El mejor método de control es la eliminación manual de los ejemplares encontrados, tanto juveniles como adultos. La forma de prevenir su aparición al año siguiente es la rotación de cultivos, evitando poner las patatas en el mismo lugar.

Gusano blanco

Las larvas de ciertas especies de escarabajos como *Anoxia villosa* se presentan en forma de gusanos blancos, gordos y arqueados, de unos 4 cm, que se desarrollan en el suelo. Generan grandes daños en el huerto al comer raíces, tubérculos y bulbos.

Se deben eliminar manualmente, y hay que tener cuidado al aplicar el compost, pues muchas veces invernan enterrados en éste. Lo bueno es que gracias a su color y tamaño, se ven a simple vista.

Mosca de la zanahoria

Las larvas de este insecto tienen el aspecto de gusanos de color blanquecino que pueden medir hasta 8 mm de largo, y se alimentan de las raíces de la zanahoria frenando su crecimiento y produciendo una coloración parduzca.

El mejor método de prevención es la asociación de las zanahorias con cebollas o ajos, que actúan como repelentes de esta plaga.

Orugas

Existen diversas especies de orugas que se alimentan de las hojas de las hortalizas, dejando mordiscos y agujeros en las mismas.

La eliminación de las hierbas adventicias es un buen método de prevención, ya que muchas ponen sus huevos en ellas. En todo caso, la recogida a mano de los ejemplares que se detectan es la forma menos agresiva de controlarlas, para lo cual hay que ponerse guantes, ya que algunas especies son urticantes. Lo adecuado es soltar las orugas en un sitio bien alejado del huerto.

Pulgón

Estos pequeños áfidos causan graves daños en las cosechas que invaden. Al succionar la savia de las plantas, deforman hojas y brotes, los cuales se abarquillan enrollándose sobre sí mismos y acaban por secarse. Además, actúan como vectores, transmitiendo agentes fitopatógenos que provocan diversas enfermedades.

Si el ataque se coge a tiempo, se puede controlar cortando las hojas y brotes dañados y rociando la planta con jabón de potasa diluido en agua. Las pulverizaciones con extracto de ortigas son la mejor forma de prevenir su aparición. Algunos insectos como las mariquitas y las crisopas ayudan a controlar esta plaga, por lo que hay que evitar dañarlos con la aplicación de insecticidas.

Topos y topillos

El problema que presentan estos pequeños mamíferos es que excavan galerías destruyendo las raíces de las plantas a su paso. También es cierto que su acción ayuda a remover y oxigenar el terreno, por lo que su eliminación sólo es necesaria si se observa que están causando daños importantes a las plantas. Su presencia se detecta por los montoncitos de tierra o toperas que dejan sobre los túneles que practican en el suelo. Lo más respetuoso con el medio ambiente es tratar de alejarlos de la huerta mediante aparatos de ultrasonidos. Hay quien clava varillas de acero corrugado en el suelo, colocando botellas de plástico o molinillos en su parte superior que, al moverse con el viento, generan sonidos que se propagan por el suelo a través de la varilla y que resultan molestos para estos animalillos.

HONGOS

El tratamiento de las enfermedades producidas por hongos pasa la mayor parte de las veces por el empleo de fungicidas. Dado que preferimos no emplear estos productos en nuestro huerto, en cuanto detectemos los primeros síntomas, lo mejor es eliminar las partes dañadas de la planta para evitar que se conviertan en una epidemia. Las hojas y tejidos eliminados se deben quemar, y nunca echar al compost o al suelo, porque supondrían una fuente de esporas que generarían nuevas infecciones.

Normalmente, este tipo de enfermedades se previenen mediante la rotación de cultivos, manteniendo controlados los niveles de humedad del suelo, y propiciando una adecuada ventilación de los tejidos de las plantas.

Antracnosis

Esta enfermedad es causada por diferentes tipos de hongos, produciendo síntomas diversos según la especie afectada. En general, se observan manchas marrones y amarillentas, muchas veces con anillos concéntricos de distintos tonos sobre hojas, tallos, flores y frutos. Prospera en ambientes cálidos y húmedos.

Botrytis

El hongo que provoca esta enfermedad *(Botryotinia sp.)* se manifiesta en forma de un moho de color gris que ataca todas las partes de la planta, provocando la podredumbre de tallos, hojas, flores y frutos. La falta de ventilación favorece su proliferación. Es muy común en cultivos como la vid.

Oídio

Se trata de un hongo con aspecto de moho algodonoso de color blanco que crece en las hojas de ciertas plantas, sobre todo en las cucurbitáceas y en las vides. Se detecta fácilmente por el polvillo blanco que aparece tanto en el haz como en el envés de las hojas, las cuales se acaban poniendo amarillas, luego grises, y finalmente secando y muriendo. Es muy frecuente en los calabacines, sobre todo si las hojas tienen exceso de humedad. Hay que eliminar las hojas infectadas en cuanto se detecta su presencia, y no está de más separar en el huerto las plantas propensas a su ataque para dificultar su contagio.

Mildiu

Es una enfermedad común en multitud de plantas del huerto. Se manifiesta en forma de manchas verdes claras en el haz de las

hojas, que después se tornan en amarillentas y finalmente marrones. Las hojas atacadas se secan y se caen, produciéndose la defoliación de la planta.

BACTERIAS Y VIRUS

Las enfermedades producidas por virus y bacterias son mucho menos frecuentes que las producidas por hongos, y su diagnóstico es difícil. Se producen podredumbres, manchas, deformaciones de los tejidos, enanismo y tumores con diversos aspectos. El tratamiento de estas patologías no es sencillo, y en muchos casos como en el de los virus ni siquiera es posible. Lo único que se puede hacer es prevenir su aparición y acotar su propagación siguiendo las recomendaciones siguientes:

- Utilizar semillas de variedades resistentes.
- Rotar los cultivos para evitar el contagio de un año a otro.
- Controlar plagas como los pulgones, que actúan como vectores en la transmisión de enfermedades.
- Eliminar las partes o plantas afectadas en cuanto se detectan los primeros síntomas, y no añadirlas al compost.
- Desinfectar las herramientas, sobre todo las tijeras de podar, así como lavarse bien manos, para no transmitir las enfermedades de una planta a otra.

Los contrastes climáticos

afectan a tu huerto

Al igual que en la vida vegetal, el clima influye significativamente en el cultivo de las hortalizas. Los diferentes climas de nuestro país afectan de manera distinta también a nuestro huerto.

ZONAS CLIMÁTICAS DE ESPAÑA

España es un país de grandes contrastes climáticos, donde existen regiones bien diferenciadas, además de zonas de transición entre las mismas. A grandes rasgos se pueden distinguir siete regiones climáticas.

Clima oceánico

Las precipitaciones abundantes y más o menos constantes durante todo el año son característicos de este clima, así como las temperaturas suaves, sin gran amplitud térmica. Es propio de las regiones costeras del norte y noroeste de España, es decir, la Cornisa Cantábrica y Galicia. El bioma típico de esta zona es el bosque templado de hoja caduca, aunque existen también grandes superficies de bosque de coníferas y mixto. Estas condiciones climáticas son muy favorables para el cultivo de la mayoría de las hortalizas. Las variedades más exigentes en sol y calor necesitan más tiempo para desarrollarse que en otras zonas más sureñas, pero en las cotas bajas próximas al mar, dado que las heladas son poco abundantes, esto no representa ningún problema si se adelanta la siembra y se retrasa la recolección.

Clima mediterráneo costero

Este clima se da en la costa de Levante, desde Cataluña hasta Cádiz, así como en las Islas Baleares, Ceuta y Melilla. Se caracteriza por temperaturas suaves y constantes, con una amplitud térmica reducida y heladas prácticamente inexistentes. Los veranos son largos y calurosos y los inviernos cortos y suaves. En cuanto a las precipitaciones, son muy irregulares, siendo el verano y el invierno muy secos mientras que en primavera y otoño son frecuentes las lluvias torrenciales. Los paisajes más representativos son el monte bajo, el matorral y el bosque mediterráneo o garriga. Es un clima idóneo para el cultivo de la mayor parte de las hortalizas durante todo el año, aunque es necesario el regadío.

Clima mediterráneo continental

Se trata de un clima mediterráneo que ha sufrido cierto grado de continentalización, provocada por la lejanía del mar y por el aislamiento propiciado por los diversos sistemas montañosos que alejan aún más la influencia de las grandes masas de agua que rodean la Península. Es el clima existente en la mayor parte de España, abarcando toda la zona centro y el Valle del Ebro. Comparte los rasgos del clima mediterráneo típico, pero con inviernos más fríos y heladas habituales durante tres o cuatro meses, sobre todo en las zonas mesetarias debido a la altitud. Por otro lado, las lluvias torrenciales son menos probables que en las zonas costeras, pero sí son frecuentes las tormentas en julio y agosto, muchas veces en forma de granizo. Los ecosistemas más importantes son los característicos del clima mediterráneo costero, además de grandes zonas esteparias. Este clima presenta varios retos al hortelano, uno de ellos es la escasez de especies cultivables en invierno, debido a las fuertes heladas, siendo sólo posible el cultivo de las más resistentes al frío. Además, los veranos son calurosos y secos, lo cual hace necesario el riego de las hortalizas de verano. Por último, las tormentas y granizadas veraniegas pueden destrozar cosechas si no se protegen las plantas. No obstante, conociendo bien las épocas de cultivo de cada variedad y seleccionando las más adaptadas a la región, es posible lidiar con estos problemas y obtener excelentes resultados.

Clima mediterráneo del suroeste

Este es un clima también mediterráneo, pero que presenta algunas diferencias con los dos anteriores. Se extiende por la zona suroeste de la Península Ibérica, que está influenciada por el Océano Atlántico debido a que las masas de aire húmedo pueden penetrar libremente sin encontrar ninguna barrera orográfica. Esto propicia una mayor pluviosidad, la cual se concentra en otoño y primavera, y unas temperaturas más suaves en invierno, si bien el verano es más caluroso que en cualquier otra región de España. El bioma más representativo de la zona es el bosque mediterráneo de encinas y alcornoques, así como este mismo bosque degradado a la forma de dehesa. Como ocurre en todas las zonas con influencia del mar, las temperaturas suaves del invierno propician el alargamiento de la temporada de cultivo.

Clima subtropical seco

Este es un clima de tipo desértico que se distribuye por las zonas de Almería y Murcia, a las que raramente llegan masas de aire húmedo debido a la barrera natural que suponen las Cordilleras Béticas. La escasez de precipitaciones y la amplitud térmica diaria son los rasgos más representativos de este clima. El cultivo de gran número de variedades hortícolas es posible en estas zonas, siempre y cuando se disponga de un sistema de regadío. La escasez de biomasa natural repercute en una cierta carencia de fertilidad en el suelo, por lo que es necesario enriquecer el terreno con compost y abonos verdes.

Clima de montaña

Aparece en las zonas montañosas como los Pirineos, el Sistema Central, el Sistema Ibérico, la Cordillera Penibética y la Cordillera Cantábrica. Los inviernos son muy fríos, y los veranos frescos. Las precipitaciones van siendo más abundantes a medida que aumenta la altitud, y es habitual que éstas sean en forma de nieve durante la temporada invernal, pudiendo darse zonas que están cubiertas de nieve durante meses. El frío asociado a este clima limita el cultivo de hortalizas en el exterior a los meses de verano, siendo inviable el cultivo de las especies más demandantes de calor.

Islas Canarias

Las Islas Canarias tienen unas particularidades climáticas especiales, debido a su latitud subtropical y a su cercanía a la costa desértica de África. Además, el clima es verdaderamente dispar de unas islas a otras, e incluso dentro de una misma isla, existiendo multitud de microclimas. En las islas más orientales así como en el sur de Gran Canaria y Tenerife se da el clima desértico, mientras que las islas occidentales y los valles y barrancos orientados a favor de los vientos alisios gozan de un clima mucho más húmedo. La compleja orografía del archipiélago fomenta aún más la diversidad climática.

Clima urbano

Es necesario hacer mención a este microclima artificial que aparece en el entorno de las grandes ciudades y es generado por la actividad humana. Los rasgos climáticos propios de la zona en la que se ubica una ciudad se ven afectados por la emisión de gases, el calor generado por las calefacciones, industrias y automóviles o la ausencia de masa vegetal que regule la humedad y la temperatura.

Debido a esta influencia del ser humano se producen diversos fenómenos climáticos. Uno de ellos es la niebla urbana o *smog*, que consiste en aerosoles y partículas contaminantes en suspensión que forman una gran nube marrón en el horizonte. Esto repercute en que la ciudad recibe una menor radiación que el campo circundante. Por otro lado, esta capa de contaminación se comporta

como un invernadero que impide que el calor escape, incrementándose la temperatura media.

Un efecto notable es la disminución de la velocidad del viento, debido a la rugosidad que presentan las construcciones urbanas al movimiento del aire.

Otro fenómeno es la elevada temperatura media nocturna, mayor que en el campo. Esto es debido a la inercia térmica de los edificios y del asfalto, que almacenan el calor durante el día, liberándolo lentamente por las noches en forma de radiación.

Todos estos fenómenos y algunos otros más complejos propician que las ciudades tengan un microclima propio, que muchas veces no es el más idóneo para cultivar un huerto. Sin embargo, hay que sobreponerse a las adversidades y fomentar el cultivo de hortalizas y de cualquier otro tipo de plantas en los entornos urbanos, porque es una manera de potenciar la relación entre el hombre y la naturaleza, y de convertir las ciudades en lugares más agradables.

LA INFLUENCIA DE LA LUNA

«Cuando menguara la luna
no siembres cosa alguna»
(Refrán popular)

La Luna, como satélite acompañante de la Tierra, ha jugado un papel fundamental en la evolución de la misma, pudiéndose hablar de un sistema en el que se dan importantes interacciones entre ambos cuerpos. Los seres vivos no somos meros testigos de estas fuerzas, sino que nos vemos también afectados en mayor o menor medida por ellas.

Se conoce bien cómo las mareas cambian completamente la fisionomía de la zona litoral costera cada ocho horas, debido a la atracción gravitatoria de la Luna sobre las masas de agua oceánicas. Es evidente que las mareas provocadas por la Luna influyen intensamente en la vida y costumbres de los organismos que desarrollan su actividad en esta zona intermareal.

Mucho menos conocidas son otras formas de influencia que puede tener la luna sobre los seres vivos, afectando a su comportamiento o a su metabolismo en lo que se ha dado en llamar ritmos lunares o ritmos selenianos.

Existe abundante literatura al respecto, y las investigaciones científicas y estadísticas son numerosas.

Almanaques del s.XIX, con las labores mensuales y completos calendarios lunares.

Sin embargo, todavía no se conoce en profundidad cómo afecta la Luna a los seres vivos que habitan la Tierra. Lo que si hay es gran cantidad de tradición mezclada con superstición y leyenda. Por ejemplo, algunos hortelanos con experiencia recomiendan preparar la tierra cuando hay luna llena, o aprovechar el cuarto menguante para sembrar zanahorias o rábanos, y el cuarto creciente para podar frutales. En algunos sitios, la siembra de patatas se realiza tradicionalmente con la primera luna nueva del mes de marzo.

En resumen, parece claro que de una u otra forma la Luna influye en los tejidos y en la bioquímica de los seres vivos, o al menos en su comportamiento, bien sea mediante la gravedad, el electromagnetismo o la radiación que refleja del Sol. Pero todavía no conocemos con precisión y de forma científica cómo y en qué medida se manifiestan estas influencias.

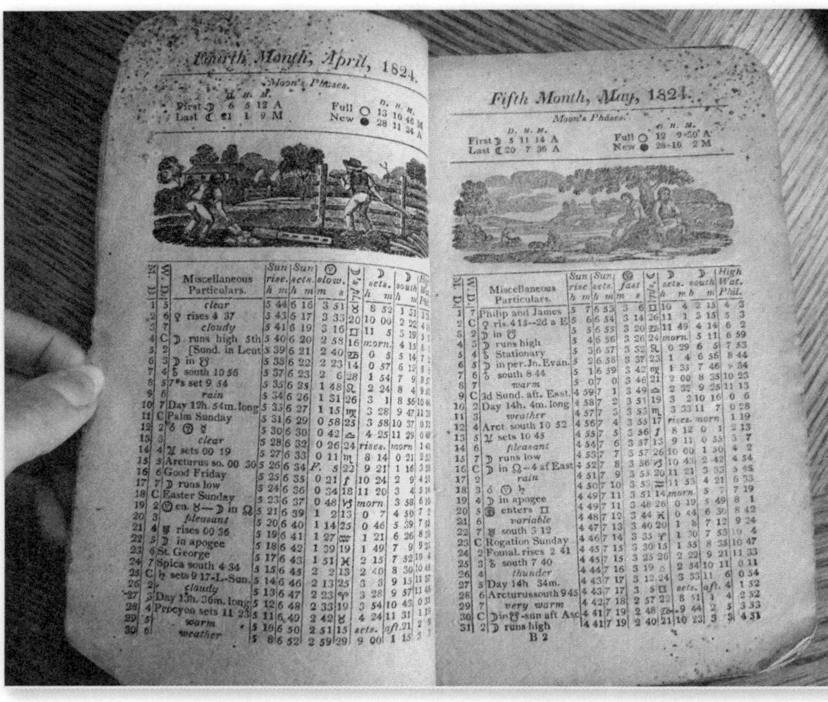

Tu huerto mes a mes

Calendario anual de siembra y actividades

Se podría pensar que los trabajos de horticultura se limitan a los meses de primavera y verano, cuando la climatología permite el crecimiento de la mayoría de las plantas que se suelen cultivar en un huerto casero. Durante todo el año hay tareas que hacer, y por ello conviene tener a mano un calendario en el que planificar las diferentes acciones a realizar en cada época. Dada la diversidad climática de nuestro país, las épocas y actividades más frecuentes que aquí se sugieren deberán adaptarse a las condiciones particulares de cada zona, pudiendo retrasarse o adelantarse los trabajos y siembras varias semanas. Se ha tomado como referencia un clima medio de la zona centro de la Península, pero lo más práctico es dejarse asesorar por hortelanos más experimentados de la región, y observar las épocas en que realizan las siembras o los trasplantes. También se puede pedir consejo en los viveros y tiendas especializadas de nuestra localidad.

Es muy interesante realizar un escalonado en algunas de las tareas correspondientes a siembra o trasplante, de cara a disponer de un tipo de hortaliza durante más tiempo. Por ejemplo, en vez de trasplantar veinte matitas de lechuga el mismo día, resulta mucho más práctico plantarlas de cinco en cinco separando cada plantación una semana. De esta manera, se pueden ir cosechando las lechugas a medida que se necesite, mientras que si plantamos todas a la vez, nos encontraremos con una producción puntual que no seremos capaces de consumir.

ENERO

«Cada día que pasa de enero pierde un ajo el ajero.»

Gran parte del país sufre los rigores del frío, y el suelo se encuentra endurecido y helado, siendo difícil trabajarlo si no se ha hecho antes. Como los trabajos físicos que se pueden realizar están muy limitados por el clima, podemos aprovechar la ocasión que nos brinda el tiempo libre para planificar la temporada y preparar todo para el momento en que llegue el buen tiempo y la actividad sea mayor.

Como reza el refrán, los ajos deberían haberse plantado ya, y si esto no se ha hecho en diciembre conviene apresurarse y sembrarlos cuanto antes.

Es una época muy adecuada para preparar el semillero y sembrar en él las hortalizas de verano como tomates, pimientos, calabacín, calabaza, pepino. Estas hortalizas se toman su tiempo para germinar y alcanzar suficiente tamaño para poder ser trasplantadas, así que hay que anticiparse y sembrarlas en semillero al menos tres meses antes de la época de trasplante.

También se pueden seleccionar las patatas que nos van a servir de semilla, que no sean muy grandes, y por supuesto que no hayan sido tratadas con algún producto inhibidor de la germinación. Las colocaremos en bandejas en un sitio que no esté completamente a oscuras, y separadas entre sí de manera que el aire pueda pasar entre las patatas, para facilitar la aparición de los grillos o brotes.

Podemos seguir recolectando algunas de las plantas aromáticas más resistentes al frío, como el tomillo, el laurel, el romero o el perejil. Este último conviene protegerlo colocándolo pegado a un muro con orientación sur, o tapándolo con un plástico transparente para que las heladas no acaben con él.

No es recomendable voltear la pila de compost en las épocas más frías del año, ya que se perdería la temperatura interior que lo mantiene activo. Sólo será necesario voltear si se detecta que la ventilación no es suficiente o existen zonas compactadas por la humedad susceptibles de pudrirse.

Se puede realizar la poda de frutales en los lugares más templados, siendo conveniente esperar un poco a que el riesgo de heladas fuertes disminuya en las zonas frías. Es el momento indicado para empezar a plantar frutales de hueso como ciruelos o albaricoques.

FEBRERO

«Por San Blas las patatas sembrarás»
(3 de febrero)

Durante este mes empieza a hacerse patente el alargamiento de los días y el incremento progresivo de las horas de luz, con lo que se empezará a templar la tierra, aunque el riesgo de heladas es todavía alto en muchas partes de la Península.

Se puede continuar con la siembra escalonada de rábanos, nabos y remolachas, y trasplantar las matitas de espinaca en las zonas de inviernos más rigurosos en las que esto no haya sido posible antes. Las patatas se pueden comenzar a plantar, aunque en las regiones frías, conviene esperar un mes más.

Es el mes para terminar de podar los árboles frutales, teniendo cuidado de realizar las podas antes de que empiecen a florecer, lo cual ocurre durante este mes para algunas especies como los almendros y los cerezos.

Hay que seguir vigilando el semillero, evitando que la tierra se quede seca, y realizando alguna entresaca si observamos que han brotado demasiadas plantitas, dejando sólo las dos o tres más fuertes por cada maceta.

Si se ha sembrado algún tipo de abono verde de invierno, se puede segar e incorporar la tierra para dejar el espacio libre necesario para las plantaciones que se empezarán a realizar el mes siguiente.

MARZO

«Calor de marzo temprano es para el campo muy sano»

Este mes nos trae la deseada primavera, aunque en muchas regiones todavía persisten las heladas, por lo que hay que ser prudente y no precipitarse con las plantaciones y trasplantes a lugar definitivo. A una semana de tiempo primaveral le puede suceder otra de frío y viento intensos que nos arruinarían muchas plantas de las variedades más delicadas.

Es un momento propicio para plantar las matitas de cebolla, así como para sembrar patatas, nabos, zanahorias, rábanos y remolachas. Se pueden trasplantar al huerto las matitas de distintas variedades de lechugas que hayamos plantado en semillero o adquirido directamente en algún vivero.

Se observan los primeros brotes de las remolachas y rábanos sembrados en invierno, así como de habas, guisantes y ajos. Debemos estar atentos a las malas hierbas que empiezan a aparecer, y mantenerlas controladas en esta primera etapa en que pueden suponer una competencia importante para nuestras pequeñas plantas.

En esta época se realiza la poda de los frambuesos y avellanos.

Se pueden ir recogiendo ortigas frescas y otras hierbas necesarias para realizar los preparados y extractos preventivos de plagas y enfermedades. También podemos recolectar espárragos tanto cultivados como silvestres.

Decimos adiós al invierno, y nos tenemos que preparar para una de las épocas con más volumen de trabajo del año, de modo que conviene tomarse un pequeño respiro y coger fuerzas para el ajetreo que se nos viene encima.

ABRIL

«El hortelano en Abril poco tiene que dormir»

Efectivamente, este es uno de los meses de mayor actividad en el huerto, y las decisiones que se tomen ahora serán de vital importancia en los meses venideros. Una de estas decisiones es la de trasplantar las hortalizas de verano, es decir, tomates, berenjenas, pimientos, pepinos, calabacines, calabazas y melones. Cuanto antes se realice el trasplante, antes se beneficiarán las plantas de la luz, el calor y los nutrientes disponibles en la tierra, y tendremos las matas más desarrolladas y con las raíces más profundas, con lo cual la producción de frutos empezará antes y la temporada de recolección se alargará. Pero, por otro lado, un trasplante prematuro seguido de una helada fuera de lugar, puede frenar el crecimiento de algunas plantas, e incluso provocar su muerte. Por ello, hay que tener claro el momento idóneo para sembrar este tipo de plantas, que variará de un año a otro. Conviene consultar las predicciones meteorológicas y observar los signos que nos da la naturaleza, como el florecimiento del majuelo silvestre, síntoma de que no las heladas son ya improbables. A pesar de todo ello nos podemos equivocar, y en algunos casos necesitaremos reponer alguna planta que no haya conseguido prosperar, por lo que resulta útil tener en el semillero de un 10 a un 20 por ciento de exceso de plantas de cada especie, como reserva por si acaso hay que replantar. También es práctico actuar con prudencia y realizar dos siembras escalonadas para minimizar el riesgo, en vez de jugarnos todo a sembrar de una sola sentada. En todo caso, si se predice una helada, cubriremos las matitas con botellas de plástico cortadas, a modo de mini-invernadero, retirándolas cuando haya pasado el riesgo.

Unas dos semanas después de trasplantar las matitas al huerto, es conveniente fumigarlas con extracto de ortigas para prevenir plagas. Esta operación se repite cada dos semanas hasta que las plantas empiecen a producir flores. Hay que fumigar las habas en cuanto alcancen medio palmo de altura, pues es una especie muy propensa al ataque de los pulgones.

Es el momento de sembrar las judías y los girasoles a partir de semilla directamente en la tierra. Se pueden empezar a cosechar los rabanitos y los ajetes tiernos, a la vez que se siguen sembrando lechugas y cebollas de forma escalonada. Las lechugas de variedades de cogollo que ya estén desarrolladas se deben atar a partir de este momento.

Las habas y los guisantes ya han alcanzado una cierta altura y se hace necesaria su sujeción y guiado mediante rodrigones o cualquier otro método de enrame.

Finalmente, ya se puede voltear el compost que hemos empezado a producir en invierno.

MAYO

«Hasta San Urbano no está libre de hielos el hortelano»

(25 mayo)

Este refrán quizás sea conservador en muchas zonas de España, donde las heladas en mayo son anecdóticas, sin embargo, en otros lugares se habla tradicionalmente de San Isidro (15 de mayo) o Santa Quiteria (22 de mayo) como fechas adecuadas para trasplantar las especies sensibles al frío, y ciertamente es normal que hiele de forma puntual hasta este momento del año.

Durante este exuberante mes la mayoría de las hortalizas se encuentran en pleno desarrollo, y lo mismo ocurre con las hierbas adventicias, las cuales habrán de mantenerse bajo control para que no supongan un problema. Dado el abundante follaje que se genera gracias al clima templado y a la fertilidad del suelo, empieza a ser necesaria la poda de algunas especies, como tomateras y pimenteras. Se requiere el entutorado de algunas de ellas, judías, tomates o pepinos, así que colocaremos los rodrigones lo antes posible, evitando dañar las raíces. Otra opción es colocar las cañas o rodrigones en el suelo en el momento justamente anterior al trasplante, con lo cual la planta no sufrirá en absoluto.

En los campos abunda la paja, que ya ha alcanzado buen tamaño y comienza a agostarse, sobre todo en los años de mucho calor. Si tenemos la suerte de contar con pastos en las cercanías del huerto puede ser la ocasión de segar parte de ellos y emplear la paja para realizar un acolchado de la tierra.

El riego se hace imprescindible a estas alturas del año, si no lo ha sido antes. Pero si hemos sido previsores instalando un sistema por goteo en los meses precedentes, regar no debería suponer ningún esfuerzo.

Hay que vigilar el compost, y humedecerlo un poco si vemos que el calor lo ha resecado demasiado, aunque si la proporción de nitrógeno y carbono es adecuada, las propias reacciones de fermentación aerobia deberían mantener la humedad necesaria.

Las cosechas van en aumento, y podemos abastecernos de lechugas, ajetes, rabanitos y puerros. Las plantas aromáticas también se encuentran en su apogeo, puesto que han recuperado todo su vigor y aún no han florecido, y tenemos la oportunidad de disfrutar de los sabores más frescos del cebollino, la hierbaluisa, la menta y la albahaca.

JUNIO

«Por junio el mucho calor nunca asusta al labrador»

Por estas fechas lo normal es tener ya todo el terreno de la huerta ocupado, las malas hierbas completamente controladas, el acolchado dispuesto y la tierra bien fertilizada gracias al compost incorporado meses atrás. Es una de las épocas en que el huerto se encuentra más bello: florecen las patatas, los calabacines y el cebollino, empiezan a fructificar la mayoría de las hortalizas y el follaje se encuentra en pleno esplendor puesto que todavía no ha tenido que soportar los asfixiantes rigores del estiaje.

Se cosechan los guisantes, los tirabeques y las habas en los climas fríos, ya que en las zonas cálidas esta recolecta se puede empezar a realizar con anterioridad. Una vez agotadas las plantas, y con la aparición del calor, dejarán de dar flores y hay que quitarlas para añadirlas al montón de compost. También se termina la temporada de las espinacas. El terreno liberado por todas estas hortalizas de invierno puede aprovecharse para sembrar judías precoces de mata baja, remolachas, lechugas de verano o patatas tardías.

Se deben seguir podando con regularidad las hortalizas que lo necesiten, y también hay que aporcar tomates y patatas para que se desarrollen sus sistemas radiculares.

Los frutales se encuentran cargados de pequeños frutos inmaduros. Si es necesario se realiza un aclareo eliminando parte de esta fruta para que la que se queda en el árbol llegue a madurar, y para que el peso no suponga un problema. En este sentido, se deben sujetar las ramas más cargadas con varas y palos que las sirvan de apoyo evitando que se quiebren.

JULIO

«En julio el melón hecha color»

Nos encontramos en pleno verano y la producción del huerto está en su momento álgido. De repente, se amontonan las cosechas, y si no se ha realizado una buena planificación, los excedentes pueden ser importantes, en cuyo caso los diversos métodos de conservación de productos vegetales resultan muy interesantes, aunque siempre se pueden regalar las verduras que no necesitemos y así compartir la alegría y salud que nos brinda el huerto.

Se seguirá podando, aporcando y controlando las malas hierbas, aunque la actividad principal durante este período es la recolección de las diversas hortalizas de verano que maduran ya de forma regular y continua: tomates, pepinos, calabacines, judías, etc.

No conviene dejar que estas verduras engorden y maduren demasiado en la mata ya que pierden sabor y calidad al hacerse más grandes las semillas y más dura y hueca la carne, además de que consumen una fuerza que la planta puede emplear en generar nuevos frutos.

Las patatas sembradas a finales de invierno se pueden empezar a recoger cuando las partes aéreas de las plantas han florecido y comienzan a secarse. Asimismo, las cebollas y ajos se recolectan cuando las puntas de sus hojas alargadas amarillean, observando que las raíces han engordado lo suficiente. Las zanahorias comienzan a adquirir su tamaño ideal, y se puede disfrutar del intenso aroma que desprenden cuando están recién arrancadas del suelo. Todas estas hortalizas de raíz se conservan bastante bien en la tierra, por lo que lo mejor es irlas recolectando conforme vayamos necesitándolas.

El riego es imprescindible, y debemos tener control sobre él para evitar que la sequedad marchite las plantas. Además, dado que la floración y fructificación de la mayoría de las especies es intensa, es un momento perfecto para fertilizar añadiendo a las plantas compost disuelto en agua o extracto de ortigas diluido.

La mayoría de las plantas aromáticas están también en plena producción. En cuanto a los frutales, antes de que las frutas como albaricoques y melocotones maduren, es conveniente protegerlas con unas pequeñas bolsas de plástico transparente, con el objeto de evitar que pájaros e insectos picoteen estos manjares.

AGOSTO

« Llueva o no llueva en agosto la huerta riega »

Continúa la recolección de la mayoría de hortalizas, frutas y plantas aromáticas. Las más tardías de entre las veraniegas como es el caso de berenjenas y melones ya comienzan a madurar incluso en los climas más fríos.

Posiblemente, algunas cosechas ya se hayan agotado, como lechugas, patatas, ajos o cebollas. En ese caso no conviene que el terreno desocupado quede expuesto al fuerte sol que destruiría la vida microbiana. Para evitar esto conviene realizar un acolchado o sembrar abono verde en cuanto se eliminen las plantas cosechadas en un parterre. Otra opción es plantar judías tempranas de mata baja o rabanitos.

En general, las hierbas adventicias ya no suponen un problema, puesto que si la sequedad no ha acabado con ellas, normalmente su tamaño ya no supone ninguna competencia para la mayoría de nuestros cultivos que se encuentran en plena madurez.

Existe la posibilidad de que el compost se encuentre demasiado seco, lo cual hay que evitar humedeciéndolo o añadiendo más restos frescos de verduras, frutas o césped. Un síntoma de que el compost está seco es la aparición de filamentos blanquecinos, que no son más que el micelio de ciertos hongos que prosperan en estas condiciones.

Si se tiene la suerte de disfrutar de vacaciones en esta época del año, es muy importante contar con un sistema de riego automático, y siempre dejar a algún familiar o amigo encargado de supervisar de vez en cuando que todo está en orden. No conviene dejar que los frutos maduren demasiado en las plantas y se pudran estropeando el resto de la cosecha y quitando fuerza a la mata, así que la persona que dejemos a cargo se debe encargar también de recolectar todas las hortalizas que vayan madurando. Seguro que no nos pondrá muchas pegas para hacerlo.

En esta época muchas plantas aromáticas florecen y se espigan, con lo que se vuelven peores comestibles. Si queremos que sigan generando hojas tiernas debemos arrancar las flores y protegerlas del sol excesivo y de la sequedad.

SEPTIEMBRE

«En septiembre cosecha y no siembres»

Este mes da paso al otoño trayendo consigo un continuo descenso de las temperaturas, pero sobre todo las primeras lluvias de la temporada. Gracias a ambos factores, los riegos se van espaciando en la mayoría de las regiones hasta que dejan de ser necesarios.

En muchas partes se continúa con la recolección de tomates, pepinos, judías, pimientos, calabacines, berenjenas, melones y zanahorias. En las zonas más cálidas algunas de estas plantas ya se habrán agotado, mientras que en las frías seguirán en plena maduración.

Se recolectan las almendras, nueces y avellanas, y también es buen momento para seleccionar las semillas que emplearemos en la siguiente temporada. Conviene conservar las frutas y verduras que no se han consumido haciendo mermeladas y otras conservas, o secando las que son aptas para ello, aunque si los excedentes son grandes y tenemos la suerte de contar con un gallinero, nuestras aves estarán muy agradecidas si les regalamos unos tomates o una manzana de vez en cuando.

OCTUBRE

«De octubre a primeros repón los aperos»

Comienzan los primeros fríos y las horas de luz disminuyen drásticamente, por lo que habitualmente ocurrirá que muchas de las matas de tomates, pimientos y berenjenas aún tengan frutos, si bien éstos ya no llegarán a madurar en la mayoría de las ocasiones. En vez de ocupar el suelo con la esperanza de que alguna de estas hortalizas madure, es mejor cogerlas y dejarlas extendidas al sol si el clima es seco, o envueltas en papel de periódico en una zona bien ventilada y no muy fría. De esta manera, se favorece la maduración de los frutos verdes. Se pueden realizar encurtidos y conservas diversas con estas verduras que no han tenido tiempo de alcanzar su punto óptimo de maduración.

Dado que el trabajo es menor que en los meses precedentes, se puede hacer caso al refrán y ocupar el tiempo revisando las herramientas y la maquinaria, y sustituyendo o arreglando aquello que esté deteriorado. Las máquinas que requieren un cierto mantenimiento como segadoras o motocultores deben limpiarse bien, comprobando el aceite y las bujías.

Se deben arrancar las plantas de verano y cortarlas un poco antes de añadirlas al compost. Las plantas enfermas y las raíces de las coles no se deben echar a la pila, sino que es mejor quemarlas, ya que muchas enfermedades resisten a los procesos biológicos que ocurren en el compostaje y se pueden transmitir de año en año.

Las judías de ciclo corto sembradas durante el verano dan sus frutos en esta época, y si el clima no es demasiado frío podemos disfrutar de ellas hasta bien entrado el otoño.

Hay que terminar de cosechar las plantas de raíz para conservarlas en otros lugares, ya que en la mayor parte de la Península las heladas hacen su primer acto de presencia.

Este es el mes por excelencia de las calabazas tan típicas en la fiesta anglosajona de Halloween que se celebra la noche del 31 de octubre, coincidiendo con la víspera de nuestro Día de Todos los Santos.

NOVIEMBRE

«Noviembre lluvioso, año copioso.»

Las únicas plantas que permanecen en el huerto serán los puerros y las berzas, debiendo arrancar todas las demás plantas que queden y echándolas a la pila de compost. Se pueden recoger las hojas muertas del suelo, que igualmente se añadirán al compost, si bien otra alternativa es extenderlas sobre el huerto a modo de acolchado de invierno, para que se vayan descomponiendo, incorporándose la materia orgánica a la tierra.

Antes de que las heladas endurezcan el suelo es el momento óptimo de labrar la tierra y cavar los bancales profundos, esparciendo después el estiércol o el compost de la pila que se ha estado formando durante todo el verano. Igualmente, se voltea el que está en formación para evitar que se compacte debido a la excesiva humedad y se pudra por falta de aireación.

Si tenemos algún olivo, es el momento de varearlos para recoger las aceitunas, que se pueden hacer en conserva una vez quitado el amargor.

DICIEMBRE

« En diciembre la tierra duerme »

Durante este mes sólo en los lugares más cálidos es posible cosechar alguna hortaliza aparte de algún puerro, espinaca y col de invierno. Sin embargo la época de siembra comienza en muchos otros sitios, y además lo hace con fuerza: es el momento perfecto para plantar los dientes de ajos y las semillas de habas, guisantes y tirabeques, y en algunas regiones se pueden empezar a sembrar espinacas, rábanos, zanahorias, nabos y otras hortalizas de raíz.

Es muy recomendable a estas alturas de la temporada tener ya planificado el espacio para el año próximo, pensar bien en las especies que vamos cultivar y diseñar una rotación de cultivos en base a la disposición de los años anteriores, para lo cual es muy útil hacerse un croquis del huerto indicando dónde se siembra cada hortaliza.

Dado que hay menos trabajo físico que hacer que en otras ocasiones, se puede aprovechar para colocar el riego, reponer los tubos o piezas que se hayan dañado, y readaptar el sistema a la nueva ordenación que hayamos hecho en el huerto. Es una buena ocasión para proveernos de nuevas varas y rodrigones que sustituyan las que se hayan roto, cortando ramas de árboles o bambú si fuera necesario. Este tiempo de reposo es idóneo para reparar las vallas, cercados y caminos.

Se empieza a preparar el semillero, o al menos hacer recuento de las semillas de las que disponemos y comprar las que sean necesarias, o mejor aún intercambiarlas con algún otro horticultor aficionado de la zona. Si las semillas que tenemos son comerciales, hay que asegurarse de que están bien conservadas en una bolsa herméticamente cerrada y guardada en un sitio oscuro y fresco. También hay que comprobar que no hay ninguna caducada mirando la fecha de caducidad que debe ir siempre indicada en el envase.

Permacultura y horticultura ecológica

El diseño y ecosistema de tu huerto

El concepto de permacultura está adquiriendo gran relevancia en los huertos familiares y ecológicos. Más que una forma de agricultura, se trata de un sistema de diseño, lo que lo diferencia de todas las demás prácticas de cultivo. Un diseño de permacultura está pensado para integrar todos los componentes del ecosistema en un mismo huerto, jardín o cultivo, de cara a producir alimentos imitando a la naturaleza en su estructura, biodiversidad y consumo de energía.

El término permacultura está creado a partir de dos palabras: «agricultura» y «permanente», lo cual ilustra cómo este método pretende crear cultivos perennes, que nos permita tener hortalizas a lo largo de todo el año, es decir, un pequeño ecosistema orientado a la autosuficiencia.

La permacultura se basa en tres fundamentos éticos: el cuidado de la Tierra, el cuidado de la gente y compartir los recursos obtenidos.

El objetivo es dejar que el suelo genere fertilidad por sí mismo, instalando los hábitats y organismos nativos del mismo. Un buen ejemplo de práctica agrícola empleada en un sistema de permacultura es el empajado. La paja, con su acolchado, permite que generaciones de minúsculos organismos se desarrollen, se reproduzcan y mueran. En una sola estación, estos pequeños organismos depositan una cantidad importante de materia orgánica en el suelo.

El diseño del sistema (una huerta, un jardín, una casa o una explotación) es el punto clave de la permacultura. A todos nos ha pasado ponernos manos a la obra con algo, para darnos cuenta de que estamos haciéndolo mal y tener que volver a empezar, lo cual se hubiese podido evitar parándonos a pensar antes. La permacultura se basa en la anticipación a los problemas, que a la larga nos traerá muchas ventajas, en contraste con un sistema en el que la falta de planificación se suple con trabajo duro.

En este sentido, los pioneros de la permacultura, Bill Mollison y David Holmgren, establecieron una serie de principios de diseño. En una huerta doméstica, los que tienen más aplicación son:

– Crear cultivos intensivos a pequeña escala: conseguiremos más producción dedicando toda nuestra atención a 5 m^2 de huerta que cultivando una parcela más grande que quede desatendida por falta de tiempo.

– Cada elemento realiza varias funciones: un árbol puede proporcionar frutos, sombra y leña, y las hojas caídas se pueden utilizar para el compost. El acolchado no solo disminuye la aparición de malas hierbas sino que también disminuye la evaporación de agua y la protege el suelo de la erosión y del sol. Se puede utilizar el techo del cobertizo para recoger agua de lluvia, o crear un cortavientos con parras, que además nos darán uvas. Se trata de utilizar el ingenio para sacar el máximo partido a los recursos disponibles.

– Conocer bien el terreno ayuda a sacarle el mejor partido. Es conveniente plantar las especies que mejor se adapten

al suelo y a los microclimas de la parcela. Por ejemplo, se pueden aprovechar los rincones protegidos del viento y que den al sur para plantar especies más sensibles a las heladas, y dejar las zonas desprotegidas para las especies rústicas.

– Aprovechar la biodiversidad: favorecer la presencia de insectos depredadores de plagas plantando plantas silvestres o aromáticas que les sirvan de refugio, o poner arbustos con bayas que alimenten a los pájaros insectívoros.

Familias de hortalizas

Conócelas para planificar bien tus cultivos

En biología, las especies se agrupan en diferentes categorías taxonómicas para su clasificación, una de las cuales es la familia. Esta clasificación no es arbitraria sino que responde a las similitudes que presentan las diferentes especies de seres vivos, es decir, dentro de la misma familia encontraremos que todas las especies comparten ciertas características que las diferencian de las especies pertenecientes a otra familia. Por ello, el conocimiento de las diferentes familias de vegetales, aunque sea somero, puede ayudar al hortelano a sintetizar algunos de los rasgos comunes a todas las hortalizas que las componen.

COMPUESTAS

Las plantas de cultivo más importantes pertenecientes a este grupo son las lechugas, las escarolas, las alcachofas, las endibias, los girasoles, la manzanilla y otras muchas. La familia de las compuestas o asteráceas es una de las más extensas y ricas en biodiversidad. Su nombre deriva de la raíz griega «aster», que significa estrella, haciendo referencia a la forma que toma la inflorescencia de estas plantas. Basta con observar la preciosa flor del girasol para hacerse idea de ello.

CRUCÍFERAS

La familia de las crucíferas o brasicáceas está compuesta por multitud de especies, muchas de ellas silvestres y otras domesticadas como las coles en todas sus variedades (col, coliflor, col lombarda), berza, coles de Bruselas, brécol, etc.), el nabo, los berros y los rábanos. La mayoría de estas hortalizas son de las denominadas de invierno, lo cual no resulta sorprendente, dado que su procedencia es habitualmente de las zonas templadas y frías del globo.

Es muy importante practicar la rotación de cultivos con esta familia, no debiendo retornar el cultivo al emplazamiento original hasta pasados al menos tres años, ya que se corre el peligro de que aparezcan enfermedades como la hernia de la col.

CUCURBITÁCEAS

Pepinos, calabacines, calabazas, sandías, melones y esponjas vegetales o lufas pertenecen a esta importante familia. Generalmente, son plantas rastreras o trepadoras, para lo cual disponen de zarcillos mediante los cuales se enganchan a otras plantas que les sirven de soporte para trepar hacia la luz del sol. Todas ellas necesitan bastantes horas de exposición solar y altas temperaturas, pero sus necesidades hídricas son muy variables, ya que algunas de ellas son originarias de selvas tropicales húmedas, mientras que otras medran en los desiertos africanos.

LEGUMINOSAS

Las leguminosas son de gran importancia en cualquier huerto por su capacidad de fijar el nitrógeno atmosférico al suelo. Todas las hortalizas necesitan nitrógeno para su desarrollo, en mayor o menos medida, y éste sólo es asimilable si se encuentra en el suelo en forma de nitratos y otros compuestos químicos. El nitrógeno es un elemento químico, que en su forma molecular se encuentra en estado gaseoso en el aire, constituyendo el 79 por ciento de éste. Las leguminosas viven en simbiosis con unas bacterias que se encuentran en los nódulos de sus raíces y que toman este nitrógeno atmosférico y lo combinan con otros elementos para formar moléculas asimilables por las plantas. Por ello es tan beneficioso sembrar leguminosas en el sitio donde se van a plantar hortalizas exigentes en nitrógeno, ya que el suelo será más fértil.

Por otro lado, las hortalizas pertenecientes a este grupo tienen una alta concentración de proteínas en sus frutos, lo que las convierte en un importante complemento nutricional.

Su cultivo resulta en general bastante sencillo, lo cual, unido a las virtudes expuestas anteriormente, las convierte en plantas fundamentales en cualquier huerto. Algunas de las especies que constituyen esta familia son los guisantes, los tirabeques, las habas y todas las variedades de judías.

LILIÁCEAS

Esta familia agrupaba a cebollas, cebollinos, puerros, ajos y espárragos en la taxonomía tradicional, aunque últimamente se tiende a dividir esta familia en varias, como las amarilidáceas o las asparagáceas. En todo caso el tratamiento de todas ellas a efectos prácticos para el hortelano es similar. Todas estas especies de hortalizas almacenan en un bulbo o rizoma los nutrientes que han sintetizado en sus hojas, y los emplean para producir los brotes y flores al año siguiente. Tienen tendencia a espigarse endureciéndose cuando van a florecer, por lo que hay que cosecharlas antes de que esto ocurra. En general, les conviene un suelo suelto y fértil, y nuestro clima es apropiado para su desarrollo, pues no en vano todas ellas se encuentran de forma silvestre en la Europa templada.

QUENOPODIÁCEAS

Las quenopodiáceas comestibles son la remolacha, la acelga y la espinaca. Su origen está en las zonas templadas de Europa y Asia, por lo que el clima de la Península Ibérica es muy apropiado para su cultivo. La acelga y la remolacha pertenecen a la misma especie, aunque a subespecies distintas.

El consumo de este tipo de hortalizas debe ser moderado por su relativamente alto contenido en ácido oxálico, sobre todo en las hojas de las espinacas, y uno de los responsables de la formación de cálculos en el riñón.

SOLANÁCEAS

Los miembros más representativos de esta familia son la patata, el tomate, las diversas especies de pimientos, y la berenjena, todos ellos de procedencia tropical. Pero mientras que las tres primeras especies son originarias de América central y meridional y fueron introducidas en Europa por los españoles, la berenjena parece tener un origen asiático, siendo los árabes los que la popularizaron en nuestra cultura.

Las solanáceas requieren un entorno lo más parecido posible a aquel del cual son nativas, es decir, terrenos muy fértiles, sol y temperaturas elevadas. Ninguna de ellas resiste las heladas, excepto la patata que puede resistir alguna si es ligera, por lo que en climas fríos las primeras etapas de su desarrollo se deben realizar en invernadero o semillero.

Debido a que existen enfermedades comunes a todas las solanáceas, y ya que tienen necesidades nutricionales parecidas, es necesario realizar una rotación de cultivos y no plantar solanáceas donde antes ha habido otro miembro del grupo. La tomatera puede saltarse esta norma, ya que tolera el cultivo en la misma hoja durante dos o tres años seguidos, siempre que se abone bien el suelo.

Entre los muchos alcaloides que producen las especies de esta familia, se encuentra la solanina, que se encuentra en tomateras, berenjenas y patatas. Es venenosa pero se encuentra en proporciones muy bajas —atóxicas— en los frutos maduros de estas plantas, por lo que son completamente inocuos. Sin embargo, hay que tener precaución cuando las patatas reverdecen por haber sido expuestas a la luz, pues en este caso la concentración de solanina es mayor, sobre todo en la piel. Lo mismo ocurre con los tomates inmaduros, por lo que no deben consumirse crudos. Tampoco se deben ingerir berenjenas crudas pues en este estado la concentración de solanina sí es elevada, y puede producir trastornos gástricos, sobre todo en los niños. La solanina presente en las hojas de estas plantas es por otro lado la causante de que sean tan resistentes al ataque de pulgones y otros insectos.

Como curiosidad, esta familia contiene alguna de las plantas más utilizadas tradicionalmente para extraer venenos y drogas, como el beleño, el estramonio, la belladona, la mandrágora, y el tabaco.

UMBELÍFERAS

Las diversas hortalizas y plantas aromáticas de la familia de las umbelíferas están representadas por la zanahoria, el apio, el hinojo y el perejil. Presentan interés por sus raíces comestibles, aunque en otras ocasiones es la hoja la parte aprovechable, como ocurre con el perejil.

En general, la germinación de las semillas es lenta, por lo que se debe anticipar su siembra. Resulta útil marcar las hileras donde se han sembrado, para no olvidarse de dónde se pusieron.

Algunas umbelíferas comestibles se encuentran en estado silvestre en nuestros campos, como el perejil, el hinojo o la zanahoria silvestre entre otras, pero existe un peligro considerable de confundirlas con la cicuta, a la que se asemejan extraordinariamente, por lo que no se recomienda su recolección. La cicuta es una especie muy venenosa que se distingue por el mal olor de sus hojas, célebre por ser la base del veneno que mató a Sócrates.

Huerto de frutas y hortalizas

AJO, AJETES

Allium sativum
(Liliáceas)

Generalidades. El ajo es una planta conocida desde la Antigüedad por sus propiedades medicinales, y aroma intenso. Incluso en la Primera Guerra Mundial se utilizaron extractos de ajo para evitar infecciones en las heridas de los soldados. Es un ingrediente base en la cocina mediterránea, y su sencillo cultivo lo hace muy atractivo para una huerta casera.

Plantación. Primero se separan los dientes de las cabezas de ajos adquiridas en el comercio y se plantan con la punta hacia arriba en agujeros de 5 cm de profundidad, separándolos entre sí unos 10 o

15 cm. La época idónea es desde otoño hasta Navidad, pues los ajos resisten el frío, y se van desarrollando bajo la tierra en invierno.

Cuidados. Requieren de poca atención, hay que regarlos cuando el tiempo sea muy seco, y sólo hasta que las cabezas se han desarrollado, momento en el que se suspende el riego. Si la temporada es húmeda y fresca, no es necesario regarlos ni siquiera una vez.

Es conveniente eliminar las malas hierbas hasta que las plantitas han crecido lo suficiente.

Recolección. Se realiza cuando los bulbos han engordado, a lo largo del verano, con la ayuda de una horquilla o pequeña pala de jardinería. Se pueden ir cosechando a medida que se necesitan, o bien cogerlos todos y secarlos en ristras, como se ha hecho toda la vida. Cuando las hojas se ponen amarillas, se pisan los ajos, es decir, se quiebran las hojas para que no echen flores y pueda engordar la raíz.

Se pueden recoger también antes de que los ajos formen completamente la cabeza, durante la primavera, para consumirlos como ajetes tiernos. Son deliciosos y no pican tanto.

BERENJENA

Solanum melongena
(Solanáceas)

Generalidades. Las berenjenas son de clima cálido y soleado y, lógicamente, se dan mejor en zonas del sur que en el norte o áreas montañosas. Tanto es así que en muchas regiones de España normalmente no conseguiremos frutos de gran tamaño. Sin embargo, es una verdura muy importante en nuestra gastronomía y nos trae recuerdos de nuestra herencia árabe, pues ellos fueron quienes la trajeron a Europa desde el sureste asiático. Merece la pena intentar su cultivo.

Plantación. Si no se dispone de un lugar en el que la exposición solar sea de al menos seis horas, no merece la pena plantar berenjenas, pues es de las hortalizas que necesitan mayor cantidad de sol para producir frutos y para su maduración.

Se pueden cultivar de semillero, pero lo más fácil es adquirir los plantones y trasplantarlos en primavera —cuando ya no haya heladas nocturnas, a los marcos o hileras de cultivo—distanciándolos unos 30 o 40 cm.

Cuidados. Son similares al tomate y al pimiento en necesidades de abono y riego, aunque toleran un poco mejor la sequía. Y al igual que ellos, agradecen la poda de los brotes o chupones que aparecen en las axilas que hay en el encuentro de las hojas con el tallo. Se recomienda aporcar, que consiste en formar un montículo de tierra alrededor del tallo para fortalecer la creación de nuevas raíces. Se hace un mes después de la plantación.

Recolección. Las berenjenas tardan bastante en madurar, y si en nuestra región no tenemos la suerte de contar con un verano largo y soleado, es preferible cortar algún fruto cuando es muy pequeño y dejar sólo cuatro o cinco por planta para asegurarnos que lleguen a desarrollarse bien.

Es habitual encontrar en el mercado berenjenas de piel oscura que tienen gran calidad, pero es recomendable probar también alguna variedad de piel clara, como la berenjena listada, menos conocida pero muy interesante por su textura suave y sabor delicado.

CALABACÍN

Cucúrbita pepo
(Cucurbitáceas)

Generalidades. El cultivo del calabacín es muy sencillo y su rendimiento muy alto, por ello es muy recomendable su cultivo aunque no se tenga mucha experiencia, siempre y cuando se disponga de espacio suficiente, ya que las plantas ocupan bastante superficie.

Plantación. Lo más práctico es colocar las plantitas de calabacín directamente en la tierra, bien espaciadas, dejando aproximadamente 1 m entre ellas debido al gran tamaño que alcanzan sus hojas. Se trasplanta cuando termina la época de heladas —de abril a mayo según la zona—. Es posible cultivar las plantitas desde semillero, o incluso poner las semillas directamente en la tierra, a principios de primavera.

Cuidados. Necesitan bastante sol y se deben regar con regularidad, evitando así que las plantas se marchiten por falta de agua.

Los calabacines son muy propensos a contraer una enfermedad provocada por un hongo llamada oídio, que consiste en un polvo blanquecino que se extiende por ambas caras de la hoja, llegando a asfixiarla. El riego más conveniente es el goteo, pero en ningún caso debería ser por aspersión, ya que la humedad en las hojas y frutos favorece la aparición de este hongo. A pesar de tomar precauciones, es muy normal que en algún momento aparezca el oídio, pero si es ya avanzada la temporada de recolección no es grave; basta con cortar las hojas afectadas y tirarlas —nunca a la pila de compostaje, pues se propagaría la enfermedad—.

Algunos frutos dejan de crecer y amarillean hasta que se pudren. Conviene cortarlos con un cuchillo para que no quiten nutrientes al resto. Las hojas viejas o enfermas también se pueden cortar para sanear la planta.

Recolección. Desde la aparición del calabacín verás que su crecimiento es muy rápido, y si se deja puede alcanzar proporciones descomunales. Pero es mejor cosecharlo cuando no es muy grande, porque tiene mejor sabor, una piel más fina —no es necesario pelarlo— y las pepitas son más pequeñas y blandas.

La recolecta se realiza cortando el fruto con un cuchillo limpio por la base, o retorciéndolo hasta que se rompe el pedúnculo, con cuidado de no dañar la planta.

Prepara de forma fácil un original carpacho de calabacín cortando rodajas bien finas con un pela-patatas, añadiendo piñones, pasas y lascas de queso parmesano, y aliñando con vinagre de Módena, aceite y sal. Es una deliciosa manera de tomar esta verdura en crudo, preservando todas sus propiedades. Las flores del calabacín también se comen, y en Italia son consideradas una exquisitez. Merece la pena probarlas en tempura.

CALABAZA

Cucurbita sp
(Cucurbitáceas)

Generalidades. Si el calabacín es una planta que ocupa bastante espacio, la calabaza bate todos los récords. Con un terreno fértil y suficiente sol y agua, una sola planta puede llegar a cubrir

fácilmente un espacio de seis metros cuadrados, regalándonos un buen número de deliciosas calabazas. Los frutos pueden alcanzar proporciones desmesuradas, y en muchos lugares del mundo se celebran campeonatos de calabazas gigantes.

Plantación. Su cultivo en semillero es relativamente fácil. Sólo tenemos que extraer algunas semillas de una calabaza de la variedad que nos guste, ya sea de nuestra cosecha anterior o comprada en el mercado, y plantar dos o tres en cada tiestecito del semillero. Se pueden adquirir los plantones ya crecidos. En cualquier caso, el trasplante se realiza en primavera, en la misma época que el calabacín, tomate, pimiento, berenjena, etc., dejando el espacio suficiente para su importante desarrollo.

Cuidados. Si no quieres que la planta se expanda demasiado se pueden capar o cortar las distintas ramificaciones a partir de la tercera o cuarta hoja, dejando alguna flor en cada una de ellas, para garantizar un número mínimo de frutos maduros.

Recolección. Cuando se forme el fruto coloca una teja debajo para evitar que se pudra al entrar en contacto con la tierra húmeda. Una vez haya engordado, se puede recoger quebrando con cuidado el pedúnculo. Las calabazas son una de las hortalizas que mejor se conservan. Si las dejas en un sitio fresco y seco podrás consumirlas durante todo el año.

Existen multitud de variedades de calabaza. Prueba a sembrar alguna clase diferente de las típicas y obtendrás frutos de originales formas y colores.

CEBOLLA

Allium cepa
(Liliáceas)

Generalidades. Es una de las verduras más utilizadas en las cocinas de muchos países. Cuando se dañan los tejidos de la cebolla se liberan ciertas enzimas de las células, las cuales reaccionan produciendo compuestos azufrados volátiles, algunos de los cuales son lacrimógenos. Estos componentes son los responsables del picor que sentimos en los ojos al cortar cebolla.

Plantación. Una forma cómoda y económica de sembrar cebollas en casa es adquirir un manojo de plantas en un vivero. Estos manojos vienen a raíz desnuda, y lo único que hay que hacer es plantar las cebollas enterrándolas a unos 7 cm de profundidad, espaciándolas entre 15 y 20 cm y regando después. Esto se puede realizar a finales de invierno, dada su relativamente alta resistencia a las heladas.

Cuidados. Las cebollas necesitan un suelo bien abonado y suelto. Si el terreno es compacto, hay que cavar bien antes de la siembra para que puedan engordar.

Necesitan riego regular durante las primeras semanas hasta que las plantitas agarren bien, espaciando después los riegos. El exceso de agua puede provocar que se pudran.

Hay que mantener la zona limpia de hierbas adventicias, para que las cebollas se beneficien de todos los nutrientes y humedad disponibles en el suelo.

Una enfermedad relativamente común es la mosca de la cebolla. Para prevenir su aparición se pueden plantar hileras de zanahorias intercaladas con las cebollas, pues son un buen repelente de esta plaga.

Recolección. Siempre es recomendable recoger las verduras justo antes de consumirlas para que estén en las mejores condiciones. Las cebollas sembradas en invierno se pueden recoger desde el comienzo del verano, pero si queremos disponer de ellas durante toda la estación e incluso el otoño, hay que pisarlas una vez hayan engordado, lo cual consiste en quebrar los tallos con el pie o con las manos antes de que florezcan. De esta manera el bulbo se mantiene carnoso en la tierra durante más tiempo.

No hace falta esperar a que las cebollas adquieran un gran tamaño, sino que las puedes recoger cuando aún son jóvenes y consumirlas como cebolletas para disfrutar de un sabor más dulce.

COLES

Brassica oleracea
(Brasicáceas)

Generalidades. Dentro de la especie botánica Brassica oleracea se agrupan los diversos tipos de coles, coliflores, repollos, lombardas, berzas etc., los cuales constituyen subespecies y variedades con diferentes particularidades. Según el tipo en cuestión, el cultivo será de primavera, de verano o de otoño. Lo más fácil es darse una vuelta por el vivero y ver qué disponibilidad de plantones hay en cada época del año para tu zona.

Plantación. Las plantitas se siembran en un sitio que haya sido bien abonado con estiércol unos meses antes. Hay que dejar unos 30 cm entre cada planta, para que puedan crecer bien a la vez que su cercanía impida el desarrollo de malas hierbas, las cuales habrá que eliminar en el momento de la siembra.

No se debe plantar este tipo de hortalizas en el mismo lugar en el que se hayan cultivado crucíferas (brasicáceas) el año anterior.

Cuidados. Existen multitud de insectos, parásitos y hongos que pueden afectar a las coles y repollos, así que es importante estar atentos para eliminar la planta infectada en cuanto se detecte algún problema y evitar así el contagio a las demás. Para prevenir ciertas plagas como la mariposa blanca de la col, es bastante eficaz sembrar cebollas o ajos alrededor de las coles, o intercalados entre éstas.

Una vez que las plantas comienzan a desarrollar un cogollo, es bueno arrancar un par de hojas de la parte de fuera y tapar con ellas los cogollos para protegerlos de la luz y que de esa manera se blanqueen.

Recolección. Los repollos y coles se cortan con un cuchillo limpio, dejando el tocón, del cual muchas veces rebrotan hojas que darán cogollos más pequeños.

ESPÁRRAGO

Asparagus officinalis
(Asparagáceas)

Generalidades. Es habitual en las zonas rurales encontrarse con gente que está recogiendo espárragos trigueros en los meses de primavera. El sabor de los silvestres es un poco más intenso que el de los cultivados, si bien estos últimos son más carnosos.

El cultivo del espárrago requiere bastante espacio para conseguir una producción aceptable. Por lo demás, su cultivo es relativamente sencillo, sobre todo el de los verdes, y además una vez sembrados, obtendrás espárragos durante varios años seguidos.

Plantación. Durante el invierno o principios de la primavera, se introducen las llamadas «garras» en una zanja de unos 20 cm de profundidad, cubriendo después con tierra y compost y regando. Estas garras son las raíces y yemas del espárrago, y se pueden conseguir en los viveros. Las garras tienen unos 40 cm de largo, así que se suelen plantar en hileras separadas unos 60 cm, colocándolas en fila india distanciadas 40 cm.

Puesto que el espárrago estará produciendo varios años, elige bien el emplazamiento, porque será definitivo durante todo ese tiempo. Una buena idea es colocarlos delimitando el perímetro del huerto, o formando un seto pegado a una pared de piedra.

Cuidados. No requieren atenciones especiales, normalmente con el agua de lluvia es suficiente, pero sí es conveniente añadir algo de compost en la superficie cada año, para evitar que la tierra se empobrezca.

Recolección. A partir de marzo o abril, según la zona, se pueden cortar los brotes tiernos que forman el espárrago. Si se dejan crecer, alcanzan gran altura y se ramifican formando la parte aérea de la esparraguera. Conviene dejar que algún brote forme una planta al final de la temporada, para que recupere fuerzas y siga produciendo al año siguiente.

Si se van tapando los espárragos con tierra según crecen, se obtienen espárragos blancos. Esto ocurre porque al impedir que reciban luz, no realizan la fotosíntesis y no se tiñen de verde, aunque no todas las variedades dan buen resultado.

ESPINACA

Spinacia oleracea
(Amaranthaceae)

Generalidades. Esta deliciosa y sana verdura se ha consumido tradicionalmente en platos que requieren su cocción. Sin embargo, a medida que se comercializan variedades más tiernas y suaves, es más habitual su consumo en crudo. Es una buena opción reservar un trocito de la huerta al cultivo de espinacas.

Plantación. Se puede plantar de semillero, o bien comprar matitas y trasplantarlas a la tierra durante el invierno, distanciándolas entre sí unos 10 cm.

Cuidados. Es exigente en abono. Tolera bien el frío pero no el calor, por lo que cuando se acercan las temperaturas estivales se puede recolectar y aprovechar el espacio para sembrar otras verduras.

Se debe regar con abundante agua si el tiempo es seco, pues de lo contrario tienden a florecer y entonces el sabor de las hojas se vuelve amargo.

Recolección. Se aconseja recoger las hojitas tiernas arrancándolas con la mano y dejar que la planta produzca más. Recuerda lavar bien las espinacas, sobre todo si hay animales cerca de la huerta, y extremar las precauciones en caso de embarazo, añadiendo al agua unas gotas de lejía alimentaria.

La textura crujiente de las espinacas, así como muchas de sus propiedades, se pierde en cuanto se cocinan, por lo que la forma más sana de consumirlas es tomar las hojitas crudas recién cogidas.

FRAMBUESA

Rubus idaeu
(Rosáceas)

Generalidades. Las frambuesas son unas deliciosas frutas que alcanzan precios elevados en el mercado, y no aguantan demasiado tiempo una vez recolectadas. Su cultivo es bastante sencillo, y las plantas producen durante varios años seguidos, además de propagarse de forma espontánea. Por todo ello es muy recomendable tener unos cuantos frambuesos en el huerto, siempre y cuando dispongamos de suficiente espacio, y no vivamos en una zona demasiado calurosa.

Plantación. Las matas de frambueso se venden en diferentes tamaños, pero una vez se trasplantan crecerán enseguida, sobre todo si el terreno es fértil y disponen de humedad. El trasplante es mejor realizarlo en invierno, cuando la planta está inactiva.

Cuidados. Es necesario colocar tutores o bien una espaldera para que las plantas no se doblen demasiado por el peso de las hojas y frutos.

En invierno se deben podar desde la base las ramas secas que ya han fructificado. Hay que realizar un aclareo de los brotes más débiles, dejando sólo 6 u 8 por mata. A los que se dejan conviene cortarles la punta (despuntar) a distintas alturas para obtener una cosecha más escalonada.

Multiplicación. De manera natural, los frambuesos tienden a expandirse al rebrotar desde las raíces nuevas plantas llamadas renuevos o hijuelos colonizando las zonas cercanas. Si se quiere acelerar el proceso y conseguir nuevas plantas, se pueden trasplantar estos hijuelos plantándolos en otro lugar.

El método de multiplicación forzada que mejor funciona es el acodo. Consiste en lo siguiente:

Se toma una rama de la frambuesa y se dobla sin cortarla hasta que su parte central toque el suelo, sujetándola al mismo con ayuda de algún hierro con forma de grapa. La parte de la rama en contacto con el suelo se entierra con mantillo y se riega abundantemente. De esta parte enterrada empezarán a salir nuevas raíces. Una vez desarrolladas cortaremos la rama para separarla de la planta madre y tendremos un nuevo frambueso.

Recolección. Existen dos grandes grupos de frambuesos, los que fructifican sólo una vez a principios de verano, y los que dan además una segunda cosecha a finales de dicha estación o en otoño. Normalmente los primeros dan frutos más carnosos.

FRESA

Fragaria sp
(Rosáceas)

Generalidades. Esta deliciosa fruta que tiene sus semillas en la parte exterior nace de unas pequeñas matitas con gran capacidad reproductora. De hecho, las plantas sacan tallos largos, llamados estolones, en cuyos extremos aparecen unos brotes que si tocan la tierra enraízan y generan una nueva planta.

Plantación. Siempre se pueden comprar plantas bien desarrolladas, e incluso con flores, pero si no tenemos mucha prisa, podemos pedir a algún amigo con huerto que nos regale los estolones que produzcan sus fresas durante la primavera y plantarlos dejando una distancia de unos 30 cm entre ellos. Al año siguiente ya podremos recoger fresas, y además las plantitas se reproducirán solas generando nuevos estolones.

Cuidados. Solamente necesitan un terreno con bastante compost, y riego abundante. La luz favorece la fructificación, pero en lugares muy calurosos es mejor que tengan algo de sombra.

Si consigues estolones de alguna variedad silvestre, plántalos y deja que se reproduzcan de forma espontánea. Estas variedades provenientes de los bosques son mucho más pequeñas que las comerciales, pero tienen un sabor incomparable.

GIRASOL

Helianthus annuus
(Asteráceas)

Generalidades. Las formaciones de cientos de girasoles alineados hacia la luz son una de las estampas más características en los campos estivales del centro de la Península. Su cultivo a gran escala abastece de semillas y aceite los mercados, tanto para consumo humano como animal, así como para la fabricación de biodiesel. A nivel doméstico se puede disfrutar de la belleza de estas plantas con muy poco esfuerzo. Se tendrá la recompensa de unas pipas que consumidas en crudo son muy sabrosas.

Los girasoles se orientan hacia el sol en cada momento del día, mediante un mecanismo llamado heliotropismo.

Plantación. Tan sólo es necesario conseguir un puñado de pipas crudas de algún girasol, o bien comprarlas en cualquier tienda de semillas o vivero. Las pipas que se venden para comer no valen, porque normalmente son tostadas y saladas, con lo cual se ha eliminado su capacidad de germinación.

Las semillas se plantan a finales de invierno en el sitio definitivo, en hoyitos de 3 o 4 cm de profundidad, y con la parte más redondeada hacia abajo. Se pueden sembrar en hileras, y cuando las plantitas alcancen unos 7 cm de altura, se eliminan las más débiles, separando las restantes unos 50 cm.

Cuidados. El riego es prácticamente innecesario, aunque siempre agradecen algo de agua en verano, sobre todo si el nivel freático no es muy superficial. Una buena dosis de exposición solar les favorece, para hacer honor a su nombre.

Recolección. Cuando las flores o cabezas están completamente desarrolladas y se agachan por el peso de las pipas, es momento de recogerlas. Golpeando levemente por la parte de atrás, caerán las semillas que se recogen sobre una superficie plana como una mesa.

Las pipas se pueden comer crudas, con lo cual conservan su característico y suave sabor, además de resultar más sanas que tostadas. Si tenemos una gran producción, también son ideales para alimentar gallinas u otras aves.

Ya que los girasoles alcanzan una altura importante, los puedes plantar en la hilera del huerto más cercana al norte o pegados a una tapia, así se aprovecharán del sol sin dar sombra a otros cultivos.

GUISANTE

Pisum sativum
(Leguminosas)

Generalidades. El guisante es una legumbre muy agradecida, que te dará gran producción sin que apenas requiera de cuidados. Es poco propensa al ataque de enfermedades y además, como todas las leguminosas, fija el nitrógeno atmosférico al suelo en forma de nitratos, enriqueciendo la tierra. Estos nitratos son necesarios para el crecimiento y desarrollo de las hortalizas, por lo que las plantas que crezcan en lugares donde anteriormente hubo guisantes, dispondrán de un sustrato más fértil.

Plantación. No suelen tolerar el calor excesivo del verano, y sin embargo las plantas soportan las heladas, por lo que lo normal es plantarlos en el otoño y el invierno para recogerlos desde abril hasta junio.

Se siembran las semillas directamente en la tierra, haciendo hoyitos de unos 4 o 5 cm de profundidad, en introduciendo en cada uno 2 semillas por si una de ellas no germina. Los hoyitos se separan entre 15 y 20 cm, para que las plantas dispongan de espacio. Se cubre con tierra y se riega.

Cuidados. Existen diversas variedades de guisante, de matas bajas o altas; pero en general son trepadoras, por lo que es aconsejable colocar un rodrigón o tutor de 1,2 m de largo en cada planta. Otra opción es fabricar un emparrillado con una malla metálica extendida entre dos varas verticales que se clavan en el suelo, para ayudar a que los guisantes trepen, recojan más luz y crezcan más vigorosos.

En épocas de calor conviene regar abundantemente porque los guisantes no soportan la sequedad. En climas húmedos suele bastar con las precipitaciones normales.

Recolección. Si los guisantes se dejan demasiado tiempo en la planta se granarán, es decir, se endurecerán y la vaina se pondrá amarillenta, perdiendo sabor y ternura. Por lo tanto, es muy recomendable recoger los guisantes tiernos, cuando el grano aún no ha engordado mucho. En este estado y consumidos crudos recién recogidos resultan sorprendentemente dulces, una experiencia que sólo apreciarás si los cultivas tú mismo, pues pasadas unas horas desde su recogida, los azúcares se transforman en almidón y perderán su exquisito sabor.

Recoger todas las vainas entre el follaje lleva su tiempo, por lo que puedes arrancar todas las plantas de una vez cuando dejan de producir flor pero antes de que se sequen. Y, con paciencia, ir separando los frutos del resto de la planta.

Las matitas recién brotadas son una delicia para los pájaros, de modo que no está de más contar con un espantapájaros o colocar cintas de plástico brillante sujetas a palos como método disuasorio. Si bien es cierto que, aunque estos métodos resultan eficaces durante algún tiempo, las aves son más inteligentes de lo que se suele creer y rápidamente serán conscientes del engaño.

HABAS

Vicia faba
(Fabáceas o leguminosas)

Generalidades. El cultivo de las habas es muy similar al de los guisantes, y las temporadas de siembra y recolección también coinciden. Son beneficiosas para el suelo puesto que las bacterias que conviven de forma simbiótica con ellas en los nódulos de sus raíces fijan el nitrógeno, fertilizando la tierra, como ocurre con los guisantes, los tirabeques o las judías.

Plantación. Se siembran las semillas directamente la tierra en otoño e invierno, haciendo hoyitos de unos 5 o 6 cm de profundidad, separados de 20 a 30 cm. Se suelen poner 2 semillas en cada agujerito para garantizar que al menos una germine.

Cuidados. En los climas secos es necesario regar las plantas y colocar rodrigones para que se apoyen en ellos.

Tienen cierta propensión a ser invadidas por ejércitos de pulgones. Para prevenir esta plaga funciona muy bien fumigar las plantas jóvenes con extracto de ortiga diluido, cada cuatro o cinco días, hasta que estén bien desarrolladas. No obstante, hay que estar siempre atentos y eliminar con la mano los pulgones en cuanto aparezcan. Las mariquitas también pueden mantener a raya a este insecto, por lo que tener abundancia de estos simpáticos animalillos te ayudará a mantener sanas las habas.

Recolección. Se cosechan normalmente desde abril hasta junio, preferiblemente cuando son tiernas, momento en el que son deliciosas. No dejes que las vainas se granen demasiado, ya que las habas se endurecen y pierden sabor.

JUDÍA

Phaseolus vulgaris
(Leguminosas)

Generalidades. En esta ficha se engloban diversos tipos de judía: la verde, el judión, la verdina, el garrofo, etc. El cultivo de todas ellas es similar, aunque los calendarios varían algo dependiendo de la variedad y del lugar de plantación.

Es una de las hortalizas fundamentales en la huerta. Dada su capacidad de fijar nitrógeno al suelo, resulta beneficioso plantar una hilera de judías separando filas de otras plantas como tomateras o pepinos. Además, se evitará la propagación de enfermedades entre plantas de la misma especie, pues la hilera de judías hará de barrera natural. Algunas son de mata baja, mientras que otras alcanzan gran altura, hasta 2 m o más.

Las de mata alta, dado su rápido desarrollo vertical, se pueden aprovechar para dar algo de sombra a plantas que no soportan bien el sol del verano, como las lechugas o los rábanos.

Las judías verdes no deben consumirse crudas, ya que poseen una sustancia tóxica conocida como faseolina que se elimina durante la cocción.

Plantación. Para su germinación requieren temperaturas del suelo de más de 18ºC, por lo que se deben sembrar a mediados de primavera cuando el terreno ya está algo templado por el sol.

Las semillas —que pueden ser judías secas del año anterior— se plantan directamente de dos en dos, en hoyitos en la tierra, a unos 4 o 5 cm de profundidad y una separación de unos 30 cm.

Cuidados. Las judías son plantas trepadoras por lo que se debe colocar un rodrigón o tutor en cada planta, o bien una celosía a base de varas verticales clavadas al suelo y malla horizontal sujeta a éstas.

Pueden ser atacadas por pulgón, araña roja y otras plagas, por lo que es recomendable fumigar las plantitas con extracto de ortiga cada 10 días durante las primeras semanas de crecimiento.

Necesitan una buena exposición al sol y en verano se deben regar con regularidad.

Recolección. Las vainas se pueden recoger a medida que alcanzan el tamaño apropiado, pero no conviene que se granen demasiado. Durante los meses de verano, e incluso ya entrado el otoño, seguirán saliendo nuevas vainas; es una legumbre muy productiva.

De la multitud de variedades de judías que existen, prueba las llamadas «perona», «Buenos Aires» o «lengua de fuego», que tienen vainas verdes con tonos rojizos. Son menos comunes en los mercados, y tienen un sabor muy interesante, incluso superior al de la judía verde convencional.

LECHUGA

Lactuca sativa
(Compuestas)

Generalidades. Se puede encontrar una gran variedad de lechugas, con matices aromáticos, colores y texturas para todos los gustos. Es una verdura que merece la pena cultivar por sus cualidades gastronómicas, así como por el poco espacio que requieren, y lo vistoso de sus formas y tonalidades.

Plantación. Es posible sembrarlas a partir de semillas, directamente en la tierra o en semillero. Esto se hace en otoño o invierno, para que en primavera ya estén bien brotadas. Sin embargo, al principio es más recomendable plantar directamente las matitas de lechuga que se pueden adquirir a muy buen precio en la mayoría de los viveros o mercadillos. Según las variedades, pueden tolerar las heladas, pero habitualmente se espigan con el calor, es decir, les crece un tallo central del que saldrán las flores, y las hojas se vuelven amargas y duras. Por ello, en lugares con veranos cálidos, es conveniente plantarlas a mediados o finales de invierno, intercalando su plantación, para recolectarlas durante toda la primavera.

Para aprovechar el espacio y evitar la aparición de malas hierbas, se pueden plantar al tresbolillo, dejando unos 25 cm entre cada una.

Cuidados. Las lechugas se suelen ubicar en lugares semi-sombreados, bien abonados, y con un riego moderado. Demasiada sequedad las vuelve amargas.

Algunas variedades requieren ser atadas, concretamente, las que hacen cogollo. Consiste en cerrar la mata todo lo que se pueda sujetando las hojas exteriores con una mano, mientras que con la otra se rodea la planta con un cordel o con cinta de rafia. Después, se hace un nudo para que la planta quede cerrada y las hojas exteriores envuelvan a las interiores, que formarán un cogollo al estar protegidas de la luz. El atado se hace cuando la planta está a mitad de su desarrollo.

Recolección. La recolección se hace cuando la lechuga está desarrollada, pero antes de que las hojas se empiecen a secar o poner duras. La planta se puede cortar por el tallo con un cuchillo limpio. También se pueden ir cogiendo hojitas tiernas según las necesitemos.

Lo importante es consumir las hojas bien tiernas y recién cortadas y, sobre todo, lavarlas bien una a una, pues es habitual encontrar un zoológico de tijeretas, babosas, mosquitos, caracoles y otros «amigos» entre el follaje.

IMPORTANTE:

Si estás embarazada conviene lavar las hojas de lechuga sumergiéndolas en agua con una cucharadita de lejía alimentaria. Hay que tener especial cuidado si por la huerta ha pasado ganado, pues podría existir la posibilidad de que las lechugas contengan huevos de la «duela del hígado», un parásito peligroso, pero afortunadamente poco común.

LUFA

Luffa aegyptiaca
(Cucurbitáceas)

Generalidades. Todos nos hemos dado un baño con una esponja vegetal en alguna ocasión, aunque sólo sea cuando éramos bebés. Pues bien, tales esponjas proceden de una planta originaria de las zonas tropicales del Planeta llamada lufa. Esta especie emparentada con el calabacín es una gran desconocida a nivel doméstico, y sin embargo su uso fue muy importante antaño. Hoy en día la mayoría de las esponjas y estropajos se fabrican con fibras sintéticas, pero antiguamente se utilizaban los curiosos frutos de la lufa a tal efecto.

Plantación. Es bastante complicado adquirir plantones de lufa, pero mucho más fácil es encontrar sus semillas, por lo que lo más normal es cultivarlas en semillero. En muchos viveros online puedes conseguir semillas, y que se siembran de manera idéntica a las de la calabaza. La única diferencia es que la lufa, al ser trepadora, no requiere mucho espacio horizontal, por lo que se pueden trasplantar las matitas dejando una separación de unos 30 o 40 cm.

Cuidados. Necesitan mucha exposición al sol y riego regular. Es una planta trepadora, por lo que es necesario colocar rodrigones para que su crecimiento sea adecuado. También se cultiva con éxito en una maceta grande colocada en la terraza, junto a una espaldera que la permita trepar.

Recolección. Para fructificar requiere bastante más tiempo que el calabacín, y normalmente la producción no es tan alta. El fruto se puede consumir si se recoge tierno. Para obtener esponjas o estropajos se debe dejar que el fruto crezca hasta que alcanza unos 20 o 30 cm de largo, para después recolectarlo y dejarlo en un sitio aireado hasta que se seca. Acto seguido se pela y se quitan las semillas, que se pueden guardar en una bolsita hermética para sembrarlas al año siguiente. El interior esponjoso se corta en rodajas gordas que se utilizan directamente.

Utilizar esponjas vegetales cultivadas por ti mismo es una manera placentera y ecológica de evitar el empleo de tejidos sintéticos provenientes del poliuretano, más baratos pero con mayor huella ecológica y peor calidad. El medio ambiente y tu piel lo agradecerán.

MELÓN

Cucumis melo
(Cucurbitáceas)

Generalidades. El melón es una de las hortalizas más típicas del verano. Su consumo más recomendable es en crudo, tomándolo como postre, acompañado de jamón a modo de primer plato, o como ingrediente de ensaladas, sopas frías y gazpachos.

Plantación. Lo mejor es comprar planteles y trasplantarlos cuando ya no existe riesgo de heladas primaverales. Es una planta rastrera que se expande mucho si se la deja, y necesita cierto espacio, pero, sobre todo, mucho sol y calor. Por ello su cultivo en el norte es más complicado, resultando ideal en el sur y zonas calurosas del centro de la península.

Cuidados.

Poda: para garantizarnos una cierta producción es conveniente podar la melonera de la siguiente forma.

Cuando la planta tiene 4 o 5 hojas, se corta el tallo principal por encima de la tercera hoja. De las axilas de las hojas que se han dejado, saldrán tallos secundarios o laterales, en los que hay que repetir la operación, es decir, cuando tengan 4 o 5 hojas hay que cortarlos por encima de la tercera.

De esta manera la planta se ramifica y aparecen tallos terciarios que son los que tendrán flores y frutos. Conviene también podar estos tallos de la misma manera que el principal y los secundarios.

Riego: el riego ha de ser regular, pero no demasiado abundante.

Más vale conseguir tres melones sabrosos y de buen tamaño que una docena mal desarrollados, por lo que si el clima en el que te encuentras no es muy caluroso, quita de la planta los frutos pequeños, dejando sólo los mayores para que éstos consigan madurar.

NABO

Brassica rapa
(Brasicáceas)

Generalidades. El nabo es una verdura empleada para dar sabor a sopas y guisos. Su valor nutritivo no es muy alto, pero no deja de ser por ello una hortaliza interesante. Consumidos crudos tienen un sabor que recuerda al del rábano.

Existe una curiosidad histórica referente al nabo, y es que entre 1916 y 1917, durante la I Guerra Mundial, hubo una importante hambruna en Alemania favorecida por la pérdida de la cosecha de patata, alimento base de la población que se tuvo que sustituir por el nabo. A este invierno se le conoce como el «Invierno de los nabos alemán».

Plantación. Las semillas se siembran de manera similar a los rábanos o a las remolachas, en hileras separadas 15 cm. La plantación se puede realizar en dos épocas: a finales de invierno para recolectarlos en primavera, o bien a mediados del verano para cosecharlos antes del invierno.

Cuidados. Una vez hayan brotado las plantitas, hay que realizar una entresaca quitando las más pequeñas, para separarlas unos 10 cm.

Hay que evitar que el terreno se quede seco, sobre todo para activar la germinación cuando se siembran en los meses de verano.

Recolección. Como casi todas las hortalizas, es mejor recogerlos cuando son jóvenes porque tendrán un sabor más suave y la piel más tierna.

No necesitan mucha luz, así que se pueden sembrar en zonas umbrías desaprovechadas, o bien entre otros cultivos altos que les protejan del sol, como tomateras o judías.

PATATA

Solanum tuberosum
(Solanáceas)

Generalidades. La patata es un bien conocido tubérculo originario del Nuevo Mundo, que constituye la base de la alimentación tradicional en muchos lugares. Su cultivo es de los más sencillos, y las aportaciones calóricas que nos brinda son elevadas, por lo que es muy importante dedicarle una buena parte del huerto si queremos alcanzar un alto grado de autosuficiencia. Sin embargo, si dispones de poco espacio posiblemente prefieras aprovecharlo para cultivar otras hortalizas más sabrosas, aunque la diferencia que hay entre una patata industrial y otra cultivada en un huerto orgánico es notable.

Plantación. En diciembre o enero se seleccionan algunas patatas del año pasado, o de una variedad comercial que nos guste, y se deja que germinen dejándolas en una bandeja donde les dé la luz indirecta. Aparecerán varios brotes o grillos, que luego se transformarán en las raíces y tallos de la planta.

La siembra de las patatas germinadas se realiza en marzo. Se hace un agujero de unos 15 cm de profundidad, se añade estiércol o compost en el fondo, después se introduce la patata germinada entera o cortada limpiamente por la mitad si es grande, con los brotes hacia arriba. Se cubre con tierra y se riega. Las plantas se deben espaciar unos 30 cm entre sí.

Si la patata tiene más de cuatro o cinco grillos normalmente dará patatas pequeñas en gran cantidad. Si preferimos menos patatas pero más grandes, se puede cortar algún brote antes de sembrar, dejando sólo dos o tres.

A algunas patatas comerciales las tratan con productos inhibidores de la germinación para que se conserven durante más tiempo, por lo que no conseguiremos que broten y no nos servirán para siembra. Es un ejemplo más de cómo la agricultura industrial a veces emplea métodos que rompen los ciclos naturales.

Como todas las solanáceas se deben sembrar en lugares bien soleados.

Cuidados. Las patatas dan muy poco trabajo, sólo requieren de un terreno fértil y húmedo. Son muy exigentes en abono y agotan el suelo, por lo que conviene seguir una estricta rotación de cultivos y no se deben sembrar en el mismo emplazamiento hasta pasados por lo menos tres años, ni en el lugar en el que el año anterior hayamos tenido otras solanáceas como tomates, berenjenas o pimientos.

En cuanto al riego, debe ser abundante, y puede ser por aspersión ya que las plantas crecen rápido y son preponderantes sobre las hierbas adventicias, aunque siempre es más recomendable el riego por goteo para ahorrar agua.

Cuando las plantas ya tienen unos 30 cm de altura es bueno aporcar, es decir, coger tierra de alrededor con la azada y cubrir con ella la parte baja de los tallos, para evitar que las patatas afloren de la tierra y les de la luz.

Recolección. Las plantas producen unas sencillas y bonitas flores blancas, y un poco después las hojas comienzan a amarillear y secarse. Es el momento de cosechar las patatas removiendo el terreno con una horca y sacando a la superficie los tubérculos. Hace mucha ilusión ver la cantidad de patatas que se han formado enterradas en el bancal.

Si se dejan las patatas enterradas, se conservan muy bien unos meses, así que se pueden ir recogiendo según las necesites, aunque las primeras que se cosechan tienen la piel tan fina que se pueden comer con ella.

Cuando a las patatas les da la luz se tornan verdosas y producen una sustancia llamada solanina que es tóxica aunque con un grado de toxicidad bastante bajo. Por eso las patatas se deben conservar en lugares oscuros.

PEPINO

Cucumis sativus
(Cucurbitáceas)

Generalidades. Es una hortaliza de gran producción, y normalmente bastará con tres o cuatro plantas para surtir de pepinos a una familia media durante todo el verano.

Plantación. Se puede cultivar en semillero, o bien directamente a partir de plantones adquiridos en viveros o mercadillos, que se trasplantarán a su emplazamiento definitivo cuando ya no haya riesgo de heladas (abril o mayo según la zona). Las plantitas se separan unos 40 cm entre sí. Les gusta el sol, y necesitan un terreno bien abonado.

Cuidados.

Riego: es mejor regarlos por goteo que por aspersión, porque las hojas pueden enfermar con algún hongo como el oídio si están demasiado húmedas. El oídio se trata con decocción de cola de caballo, aunque para prevenir la aparición de enfermedades es recomendable fumigar con extracto de ortigas cuando las plantas son pequeñas.

Entutorado: los pepinos pueden cultivarse de forma rastrera pero si se les pone una guía o tutor, como una caña de bambú, y se les ayuda un poco a enroscarse alrededor, irán trepando y creciendo hacia arriba, enganchándose al tutor con unos apéndices llamados zarcillos. Al crecer hacia arriba ocuparán menos espacio en la huerta, y además será más difícil que aparezcan enfermedades al no estar la planta ni los frutos en contacto con la tierra.

Despunte: normalmente, cada planta genera tres o cuatro ramas secundarias. Si se las deja, crecerán y darán frutos, pero una técnica de cultivo que da muy buen resultado consiste en podar o capar estas ramas secundarias a partir de la tercera o cuarta hoja, de manera que se permita que cada rama de dos o tres frutos solamente. De esta manera, se fomenta el desarrollo vertical del tallo principal, que recogerá más sol, y además se facilita el crecimiento y la maduración de los frutos, al no perder la planta demasiada energía en alimentar las ramas secundarias.

Recolección. Los pepinos se pueden recoger para comer crudos cuando alcanzan su tamaño adulto, entre 10 y 20 cm según la variedad, aunque también se pueden recoger más pequeños, para hacer pepinillos en vinagre y conservarlos así más tiempo. En todo caso, cuando empiezan a amarillear se vuelven amargos, por lo que se deben recoger antes. En vez de arrancarlos, corta el pedúnculo que une el fruto al tallo con unas tijeras para no dañar la planta, o recógelos torsionando el fruto hasta que se separa.

PIMIENTO

Capsicum sp
(Solanáceas)

Generalidades. Los pimientos son una de las hortalizas con mayor número de variedades (de hecho comprenden varias especies distintas). Los hay verdes, amarillos o rojos, de diferentes tamaños, desde dulces hasta rabiosamente picantes, y más o menos carnosos, pero todos ellos requieren unas condiciones y cuidados similares.

Se cultivan muy bien en maceta profunda en una terraza. Al llegar el frescor del otoño, se pueden meter en el interior en un sitio bien iluminado, y seguirán dando pimientos durante todo el año además de adornar la casa.

Plantación. Como el resto de solanáceas, adoran el sol, por lo que habrá que escoger un lugar bien orientado y en el que otras plantas más altas como las judías o las tomateras no les den sombra.

Se pueden sembrar en semillero en otoño o comprar plantones ya crecidos, pero en todo caso no soportan las heladas, por lo que se trasplantarán hacia abril o mayo, según el clima. Se colocan en hileras, separando las plantas unos 40 cm entre sí.

Cuidados. Las pimenteras requieren terrenos fértiles y no soportan la sequedad del suelo.

Poda: se podan de manera similar a los tomates, eliminando la hoja o chupón que aparece en la axila que forma cada hoja al salir desde el tallo principal. Esto se realiza de abajo a arriba hasta llegar a la primera flor que aparece. A partir de esa flor la planta se bifurca en tres o cuatro ramas de las cuales saldrán más flores y pimientos.

Recolección. Es una planta que se toma su tiempo en crecer y dar fruto, por lo que la cosecha normalmente empezará bien entrado el verano. A partir de ese momento, se pueden ir cogiendo pimientos de forma continua hasta otoño. Según la variedad se recogen verdes o más tarde, cuando se ponen rojos, pero ten cuidado con ciertas variedades en las que el picor se incrementa a medida que el pimiento enrojece.

Es divertido combinar diferentes tipos de pimientos en la huerta, y hacer después vistosas cosechas. Acuérdate de apuntar qué variedad has plantado en cada sitio, para luego descubrir cuáles te gustan más y repetir el año siguiente.

PUERRO

Allium ampeloprasum var. porrum
(Liliáceas)

Generalidades. Es una verdura económica, y no se nota tanto la diferencia de sabor al cultivarlo como con otras hortalizas. Por ello, puedes prescindir de su cultivo si no dispones de mucho espacio. Pero si quieres probar cosas nuevas y te sobra sitio, disfrutarás de su delicado sabor con muy poco trabajo.

Plantación. Se pueden comprar manojos de plantitas las cuales plantaremos enterrándolas bien para que se desarrollen en profundidad. La siembra se realiza en primavera o verano, y dado que aguantan bien el frío se pueden recoger en invierno.

Cuidados. Necesita una tierra suelta y bien abonada, así como un riego regular.

La parte blanca es la más aprovechable del puerro, aunque también resulta útil la zona verde más tierna. Para blanquear los puerros, es decir, aumentar la longitud de la parte blanca, hay que aporcar, es decir, envolver la parte baja del tallo con tierra, evitando así que le dé la luz y se ponga verde.

Recolección

Se pueden recoger conforme se van necesitando, porque en la tierra se conservan bien. Si en la parte enterrada se empieza a formar una cabeza es posible que no crezcan más en longitud, pero aún así también resultan muy ricos.

RÁBANO

Raphanus sativus
(Brasicáceas)

Generalidades. Es una verdura originaria de climas frescos, por lo que su cultivo es preferible en invierno y primavera. Como su recolección se realiza en épocas no estivales y es una especie de raíz poco profunda y no muy exigente en nutrientes, el lugar utilizado para los rábanos puede aprovecharse para plantar otras hortalizas de verano y de raíz profunda como tomates o pimientos.

Plantación. Dada su resistencia al frío, el cultivo del rábano se puede realizar durante todo el año. No obstante, con el calor las plantas tienden a espigarse para producir flores y semillas de tal manera que las raíces se endurecen y no engordan. Lo más recomendable es realizar dos siembras: una desde invierno hasta principios de primavera, y otra a mediados de verano. Si se realizan de forma escalonada se pueden tener rábanos durante toda la primavera y el otoño. En climas con veranos frescos también es posible cultivarlos en verano, y más aún si se plantan en un lugar no muy soleado.

Se siembran las semillas en hileras de 1 cm de profundidad separadas unos 7 cm, cubriendo después con tierra y regando abundantemente.

Cuidados.

Entresaca: para que las plantitas puedan engordar, hay que realizar un aclareo dejando un espacio de 8 o 10 cm entre ellas.

Riego: es necesario regar con regularidad, porque con la sequedad se ahuecan y no sirven.

Como ocurre con todas las plantas de porte bajo, hay que mantener a raya a las malas hierbas.

Recolección. La recolección se puede realizar a partir de seis u ocho semanas desde su siembra, una vez que las raíces han engordado. No conviene dejar las plantas en la tierra más tiempo de la cuenta, pues se espigan, consumiendo los nutrientes almacenados en la raíz, que se endurece resultando incomestible.

Su característico sabor resulta muy agradable en ensaladas. Los rábanos se pueden pelar para eliminar el picor, pero no es necesario, sobre todo con los primeros de la temporada, que suelen ser más jugosos y menos picantes.

REMOLACHA

Beta vulgaris
(Amarantáceas)

Generalidades. La remolacha es una raíz muy utilizada en la gastronomía centroeuropea, donde se elaboran sopas con esta verdura como ingrediente principal. Su cultivo es muy fácil y se puede incorporar a la huerta plantándola en los bordes, o entre los pepinos y las lechugas, con los que tiene buena asociación, para ocupar menos espacio.

Como curiosidad, la acelga *Beta vulgaris var. cicla* es una subespecie de la remolacha, pero de la que sólo se consumen las hojas, en vez de la raíz.

Plantación. Se puede plantar durante todo el invierno y la primavera, de forma escalonada para tener producción desde mayo hasta octubre. Se siembran las semillas a una profundidad de unos 2 cm, separadas 5 cm.

Cuidados. Cuando aparecen las primeras hojas, se realiza una entresaca dejando una separación de 10 cm entre las plantitas.

Es necesario un riego regular, y tanto el estrés hídrico como el exceso de calor pueden provocar que las remolachas florezcan y que se endurezca la raíz.

Recolección. Cuando la parte de la raíz que sobresale de la tierra alcanza de 5 a 7 cm de diámetro, se puede recoger. La remolacha aguanta bastante tiempo sin estropearse una vez cosechada.

No es una verdura muy común en nuestra tradición culinaria, pero merece la pena experimentar con ella. Hervida, pelada, cortada en rodajas y con un chorrito de aceite y sal es un entrante de lujo.

TIRABEQUE

Pisum sativum subsp. arvense
(Leguminosas)

Generalidades. En muchas zonas de España es una verdura poco conocida, pero su incorporación a las habituales de la huerta es completamente recomendable. Además, como las plantas se recogen a finales de primavera, se puede utilizar el espacio que queda libre para sembrar otras especies más veraniegas.

Plantación. El tirabeque es, en realidad, una subespecie del guisante, pero para hacerle justicia merece una mención aparte. Dado su cercano parentesco, todas las consideraciones hechas en cuanto a plantación y cuidados para el guisante son válidas también para el tirabeque. Sólo cabe destacar que las plantas de este último ensanchan más, por lo que conviene separar las semillas unos 25 cm en la plantación.

Recolección. De sus vistosas flores con tonos morados salen vainas anchas y aplastadas que se deben recoger cuando son tiernas y antes de que las semillas engorden demasiado. Se consumen enteras, y si se recogen jóvenes no es necesario cocinarlas más que unos minutos.

Unos tirabeques tiernos con ajetes salteados durante unos minutos son una de las mayores recompensas gastronómicas que te puede dar la huerta.

TOMATE

Solanum lycopersicum
(Solanáceas)

Generalidades. Es, prácticamente obligatorio, contar con una buena cantidad de tomateras en la huerta. Incluso si el único espacio del que dispones es un hueco en la terraza, se puede emplear para poner una maceta profunda con una vigorosa tomatera.

Plantación. Habitualmente se adquieren las matitas o plantones en vivero, y se trasplantan al lugar definitivo, haciendo un hoyito y añadiendo un poco de compost o estiércol en el fondo del mismo. Las plantitas se deben enterrar hasta la mitad del tallo o incluso más, puesto que el tallo enterrado tiene la capacidad de generar nuevas raíces, que ayudarán a sustentar la planta.

Si quieres ir más allá, con tiempo y cariño, puedes obtener tus propias tomateras sembrando semillas en semillero a finales de otoño, de manera que en primavera las matitas estén suficientemente desarrolladas para trasplantarlas al sitio definitivo.

Las tomateras se deben ubicar a pleno sol, en un terreno muy bien abonado, con una separación entre plantas de 50 cm, en hileras separadas 80 cm entre sí.

Como siempre que se realiza una siembra o trasplante, hay que regar inmediatamente después.

Cuidado. En las primeras semanas de su desarrollo, antes de que echen flores, se puede fumigar con extracto de ortigas para dar vigor a las plantas, y prevenir enfermedades.

Poda: para conseguir tomateras más altas y productivas conviene podarlas, sobre todo hasta que alcancen una altura de 1 m. En las llamadas axilas, es decir, en los puntos de unión entre el tallo principal y las hojas, salen tallos secundarios o chupones, los cuales alcanzarán un desarrollo similar al del tallo principal si se dejan crecer. Estos chupones le quitan fuerza a la planta, y deforman su crecimiento, por lo que hay que cortarlos en cuanto aparecen, arrancándolos suavemente con la mano.

Hay quien prefiere no podar las tomateras, pero es bastante recomendable hacerlo, porque favorece su crecimiento y producción. Además, la poda fomenta el desarrollo vertical de la planta, con lo que ocupará menos espacio horizontal y las hojas recibirán mayor cantidad de luz y de aire.

Entutorado: las tomateras necesitan tutores o rodrigones para apoyarse, puesto que de otro modo no soportarían su propio peso y el de los frutos y se doblarían hasta el suelo. Se deben escoger varas rectas de unos 2 m de alto, que se clavarán en el suelo, preferiblemente en el momento del trasplante de las matitas, para no dañar sus raíces. Los rodrigones se pueden colocar aislados en vertical, o bien formar una estructura en forma de «v» invertida con los de la hilera vecina, colocando unas varas horizontales en el vértice superior y atando con cuerdas para que quede un conjunto rígido. Este último método es el mejor porque el peso de cada tomatera se compensa con el de la planta contigua. En todo caso, hay que ir sujetando las tomateras a los tutores, atándolas con cinta de rafia o cordel.

Aclarado: con el tiempo, las hojas inferiores se van poniendo amarillentas y es conveniente cortarlas para que llegue más aire y luz a la planta. Una planta con demasiado follaje tiene más posibilidades de enfermar, pues los tejidos necesitan ventilación y luz, y la falta de éstas puede fomentar el desarrollo de bacterias y hongos.

Recolección. Se cosechan cuando se ponen rojos pero antes de que estén blandos. Al final de la temporada quedan muchos tomates en las matas, coge los que empiezan a enrojecer y déjalos al sol para que terminen de madurar.

El cultivo del tomate puede parecer un poco complicado para el principiante, pero en realidad es muy sencillo y no es necesario realizar todos los cuidados descritos para obtener sabrosos tomates. Merece la pena intentarlo.

ZANAHORIA

Daucus carota
(Umbelíferas)

Generalidades. Es increíble la diferencia de sabor entre la mayoría de las zanahorias que se venden en las tiendas, y una recién recogida de tu huerto. En sólo un metro cuadrado de buena tierra se pueden cultivar unas cien zanahorias. Otra forma de conseguir deliciosas zanahorias es plantarlas en una jardinera profunda en tu terraza, utilizando un buen sustrato.

El color de las zanahorias se debe a los betacarotenos que contienen, compuestos que ayudan a proteger de las radiaciones solares a las células de la piel.

Plantación. Se siembran de semilla, directamente en la tierra a finales de invierno, febrero o marzo según la zona. Se hacen pequeños surcos de 1 cm de profundidad, separados 10 cm, y se esparcen las semillas en ellos, tapando después con tierra. Las zanahorias tardan unos 20 días en germinar, pero para acelerar el proceso se pueden poner las semillas en remojo durante 24 horas justo antes de sembrarlas.

Necesitan una tierra suelta y equilibrada, aunque si hay exceso de estiércol las raíces tienden a ramificarse. Conviene cavar bien la zona donde se van a plantar para ablandar y descompactar el suelo de manera que las raíces puedan penetrar en profundidad y engordar adecuadamente.

Cuidados

Aclareo: un par de semanas después de brotar las plantitas hay que realizar una entresaca, arrancando algunas con la mano, para dejar

espacio entre ellas. Se dejan pasar otras dos semanas y se hace el aclareo definitivo, dejando sólo las plantas más fuertes, separadas unos 10 cm entre sí. No hay que sentir remordimientos por eliminar tantas plantitas, porque es la única manera de que las que sobrevivan consigan crecer fuertes.

Hierbas adventicias: conviene tener la zona de cultivo de zanahorias bien limpia de otras hierbas, ya que al ser la zanahoria una planta muy pequeña, las otras especies suponen una competencia feroz por el sol, agua y nutrientes. Una vez que las zanahorias se han desarrollado, cubriendo bien el espacio, las hierbas adventicias no consiguen prosperar y no es necesario ser tan escrupuloso con su limpieza.

Son uno de los manjares preferidos por conejos, ratones y otros roedores que existen en el campo. Si hay problemas con ellos, se puede vallar la zona de las zanahorias, profundizando el cerramiento en el suelo ya que estos animalillos suelen ser excelentes constructores de túneles.

Las zanahorias necesitan bastante luz, y riego frecuente al principio, aunque luego se puede espaciar más. Si disponemos de sistema de goteo, el riego se puede hacer mediante micro-aspersores, que humedecen todo el suelo optimizando el gasto de agua.

Recolección. En el momento en que se observa que la parte superior de la raíz sobresale de la tierra y tiene un calibre suficiente, se pueden recoger. Si la tierra está suficientemente suelta, se arrancan con la mano fácilmente.

Consumidas recién recogidas y en crudo son una fuente de sabor difícil de igualar. También se pueden hacer riquísimos y saludables zumos con ellas.

Huerto de plantas aromáticas

Las plantas aromáticas, utilizadas como condimento o especia, son imprescindibles en cualquier cocina y no pueden faltar en un huerto por pequeño y modesto que sea. Muchas de ellas atesoran propiedades medicinales, lo cual las ha convertido en importantes aliadas de las civilizaciones que han sabido aprovecharse de ellas. En general, su cultivo en macetas o jardineras es sencillo, por lo que las puedes utilizar para dar buen olor y alegría a tu balcón, aunque si se plantan en el suelo su desarrollo será mayor. También se pueden tener en el interior de casa, en tiestos colocados junto a la ventana de la cocina, por ejemplo.

ALBAHACA

Ocimum basilicum

Originaria de Asia, la albahaca es una planta de delicioso aroma, muy empleada en la cocina mediterránea y como ingrediente fundamental de la salsa pesto. Existen diversas variedades, de hojas pequeñas, anchas, e incluso moradas. Se trata de una especie relativamente delicada, pero que prospera adecuadamente si se coloca en un sitio luminoso y sólo se riega cuando la tierra empieza a secarse. Es propensa al ataque de los hongos, por lo que no es conveniente demasiada humedad. En la asociación de cultivos, es una buena compañera del tomate. Se recolectan las hojas tiernas para emplearlas directamente. Los brotes superiores se pueden cortar para evitar que la planta florezca y se espigue, volviéndose amarga.

CEBOLLINO

Allium schoenoprasum

Es una planta que produce hojas cilíndricas alargadas de sabor suave y ligeramente parecido al de la cebolleta. Es perenne, por lo que una vez plantada, rebrotará al año siguiente aunque en invierno se mueran las hojas. Requiere de pocos cuidados, sólo hay que evitar que florezca para que las hojas no se endurezcan. Esto se consigue cortando las hojas a unos 3 cm de altura a mitad de verano, aunque también se puede dejar que la naturaleza siga su curso y disfrutar de sus preciosas flores color lila.

CILANTRO

Coriandrum sativum

El cilantro es el condimento principal de muchos platos de la gastronomía centroamericana. Utilízalo con mesura si no estás adaptado a su fuerte y característico sabor. Es fácil cultivarlo a partir de semillas que se plantan en una maceta o en su emplazamiento definitivo, que debe ser bien soleado y cálido. Es necesario realizar una entresaca una vez las plantitas hayan brotado. Se consumen tanto las hojas frescas como las semillas secas.

COMINO

Cuminum cyminum

De origen mediterráneo, esta sencilla hierba es ampliamente utilizada en las cocinas orientales, norteafricanas y españolas. Su cultivo, normalmente a partir de semillas, es sencillo en las zonas calizas del sur y del este, donde se ve favorecido por la calidez del clima. En verano requiere riegos regulares. Se recolectan las semillas que son empleadas como especia para diversos platos y aliños.

ENELDO

Anethum graveolens

Sus hojas picadas son un excelente aderezo para ensaladas y pescados. La planta se desarrolla bastante, alcanzando hasta 1 m de altura. Produce unas vistosas flores amarillas, muy parecidas a las del hinojo, y al igual que sucede con éste, las semillas también se utilizan como especia. Para cultivarla, plántala en un sitio soleado a partir de semillas o consiguiendo una matita en un vivero.

HIERBALUISA

Aloysia citriodora

Esta planta leñosa de bajo porte produce unas hojas con un sorprendente aroma a limón, como indica su nombre, perfecto para dar un toque especial al té y a otras infusiones. No soporta las heladas, aunque si se coloca en un lugar resguardado en invierno se le caerán las hojas pero brotará de nuevo en primavera. Para fomentar la reactivación de la savia y la aparición de brotes, se podan las ramas secas y largas en invierno. En Sudamérica, lugar de donde es originaria, crece de forma silvestre y se utiliza como planta ornamental. Las hojas se pueden secar para consumirlas fuera de temporada.

HINOJO

Foeniculum vulgare

De esta planta herbácea procedente de la cuenca del Mediterráneo se aprovechan las hojas, las semillas y la raíz bulbosa, de intenso sabor anisado. Es sencilla de cultivar si se adquieren matitas jóvenes y se siembran en un terreno fértil y soleado. Con sus partes aéreas se pueden hacer diversos tipos de aliño para aceitunas y otros encurtidos. Sus raíces darán un potente sabor a tus ensaladas.

LAUREL

Laurus nobilis

Este arbusto rodeado de leyenda y mitología posee unas hojas de un sabor inigualable, y su utilización es imprescindible en muchos guisos. Si se le deja crecer puede alcanzar gran altura, pero para limitar su crecimiento y darle un porte arbustivo se le puede plantar en un macetón grande, regándolo frecuentemente, y realizando podas todos los inviernos para tener controlado su tamaño. Si se cultiva en el suelo, hay que tener en cuenta que las raíces se desarrollan intensamente y de forma superficial, de modo que pueden llegar a levantar las losas de una acera cercana. Las hojas se pueden conservar secas, con lo que se potencia su sabor.

Precaución: hay que tener cuidado de no confundir el laurel con un arbusto parecido llamado laurel-cerezo (*Prunus laurocerasus)*, que es tóxico.

MENTA

Mentha sp.

Bajo este nombre genérico se agrupan diversas especies de plantas de aroma refrescante. La utilización de sus hojas en postres, infusiones y bebidas está muy extendida, y su cultivo es extraordinariamente sencillo, por lo que tener una jardinera repleta de esta exuberante hierba está al alcance de todos.

La menta es bastante invasiva, y de sus raíces brotarán nuevas plantas si se las deja, por lo que hay que controlarla bien si se la cultiva en el suelo, para que no se propague demasiado. Otra opción es plantarla en una maceta o en un parterre aislado, de modo que no pueda colonizar zonas reservadas a otras plantas. La hierbabuena *(Mentha spicata)* y el poleo *(Mentha pulegium)* son algunas de las muchas especies e híbridos del género *Mentha* que existen.

ORÉGANO

Origanum vulgare

Esta humilde planta originaria de los bosques mediterráneos es muy apreciada en las cocinas de todo el mundo. Para cultivarla, lo más sencillo es comprar una matita y plantarla en un parterre o una jardinera colocada en un lugar soleado, controlando que no se expanda demasiado, pues es muy invasiva. No requiere mucha agua, y un exceso de riego acabaría por pudrir los tallos. A pesar de que es una hierba perenne, es posible que pierda las hojas en invierno en las regiones más frías. En este caso sólo hay que cortar los tallos a 1 cm del suelo y esperar a que rebrote en primavera. Las hojas se suelen secar antes de consumirlas ya que de esta manera su sabor es más intenso y se facilita su conservación.

PEREJIL

Petroselinum crispum

El perejil es una planta herbácea bienal, esto quiere decir que al segundo año le saldrán flores y semillas, momento en el que hay que sacarla de la tierra. Las propias semillas que la planta produce sirven para sembrar nuevas matitas de perejil. Le gusta estar en lugares no muy soleados y aguanta bien el frío, por lo que se puede cultivar durante todo el año. Es importante que el suelo en el que se cultive sea rico en compost, y que la tierra nunca se seque en verano. Existen distintas variedades de perejil, entre ellas los de hoja plana y el de hoja rizada, muy vistoso.

ROMERO

Rosmarinus officinalis

Este arbusto achaparrado es otra de las muchas plantas aromáticas de procedencia mediterránea. Dada su rusticidad, su cultivo es verdaderamente fácil: tolera bien la sequedad, el calor y el frío, y crece en diversos tipos de suelo. La misma mata puede vivir muchos años, produciendo cada verano unas bonitas flores que van desde el azul hasta el blanco. En invierno conviene podarlo un poco para darle forma. Las hojas se utilizan para dar sabor a guisos y asados, y se pueden secar fácilmente para su posterior consumo.

TOMILLO

Thymus sp.

Existen multitud de especies y variedades de tomillo, y como planta silvestre es muy común en los montes de la Península Ibérica. Su porte suele ser bajo y a veces rastrero. El cultivo del tomillo no presenta dificultades, es agradecido incluso en suelos pobres. Lo único que no tolera bien es el exceso de agua en los suelos mal drenados. La importancia gastronómica de esta hierba es notable, siendo empleada para aromatizar platos de caza, estofados, setas y carnes asadas.

Del huerto a la despensa

Cómo conservar de forma natural tus frutas y hortalizas

La conservación de productos alimentarios es un tema que preocupa al ser humano desde sus orígenes. La disponibilidad de fuentes nutritivas en la naturaleza no es ni mucho menos regular sino que tiene un marcado carácter estacional y, además, se ve fuertemente afectada por plagas, enfermedades, sequías e incendios. Esto ha empujado a las distintas culturas a desarrollar sistemas de conservación particulares para sus productos de consumo y condiciones climáticas.

Hoy en día, nos podemos beneficiar de la experiencia de generaciones anteriores que nos han transmitido estos métodos para conservar los alimentos, además de contar con medios modernos que facilitan esta tarea, como hornos, cocinas, congeladores y neveras.

En nuestro huerto casero no podemos disponer de todas las variedades de hortalizas y frutas durante todo el año, y habrá épocas en las que tengamos excedentes de alguna de ellas, al no poder consumir todo lo que se produce. Una manera de solucionar ambos problemas es conservar estos excedentes, para poder disfrutar de ellos en otros momentos de la temporada.

Lo más recomendable es consumir productos frescos de temporada, ya que su sabor es más natural y son más saludables, pero las conservas son un complemento importante que no debemos despreciar en nuestra dieta.

ESTERILIZAR BOTES

Antes de realizar cualquier conserva hay que preparar los recipientes en los que las vamos a almacenar. Los botes de cristal con tapa metálica roscada son los más adecuados para ello. Los botes se pueden reutilizar, pero deben estar en muy buenas condiciones, sin presentar golpes que impidan su cierre hermético, ni arañazos en la pintura protectora interior ya que el metal no debe estar en contacto con los alimentos conservados.

Dado que las conservas van a estar en los tarros durante un tiempo prolongado, es necesario esterilizarlos adecuadamente para evitar que las bacterias y hongos prosperen en ellos, estropeando las conservas o incluso produciendo riesgos importantes para la salud.

Para esterilizar los botes lo primero que hay que hacer es lavarlos a fondo, fregándolos o metiéndolos en el lavavajillas. Después, se coge una olla colocando en el fondo un trapo limpio que cubra la base para que los botes no se rompan. Se colocan los botes abiertos y las tapas en la olla y se llena con agua de modo que los cubra completamente. A continuación, hay que poner la olla al fuego y dejar que el agua hierva durante 10 o 15 minutos. Finalmente, se sacan los botes con la ayuda de unas pinzas bien limpias para no tocarlos con las manos y se dejan enfriar.

ENVASAR AL VACÍO

Para que las conservas aguanten sin estropearse hay que cerrar herméticamente los botes de manera que no quede aire en su interior. El método más empleado a nivel casero es el baño María que se explica a continuación.

Una vez esterilizados los botes, se introducen los alimentos o preparados que se quieren conservar, con una cuchara limpia, y dejando un espacio libre de, aproximadamente, 1 cm entre el nivel máximo y la tapa. Hay que tener cuidado de no dejar burbujas de aire atrapadas entre los alimentos, y de no ensuciar el borde de los tarros, en cuyo caso es necesario limpiarlo bien con un papel de cocina.

A continuación, se cierran los botes y se introducen de forma completamente vertical y con la tapa hacia arriba en una olla en la que se ha colocado un paño en la parte inferior para evitar que se rompan con la vibración producida al hervir el agua. También se pueden colocar paños entre los botes para que no choquen entre sí. Se añade agua templada hasta que los botes quedan cubiertos con una capa de 3 a 5 cm de agua, y se lleva a ebullición con la olla tapada.

El tiempo mínimo que debe estar hirviendo el agua depende de la receta que se haya realizado, pero suele oscilar entre 10 y 20 minutos. Hay que añadir 5 minutos por cada 1.000 m de altitud sobre el nivel del mar a la que nos encontremos. Una vez transcurrido el tiempo indicado, se esperan unos 10 minutos antes de sacar los botes de la olla, para que se templen un poco, y se dejan enfriar 12 horas.

Es necesario comprobar que en los tarros se ha efectuado el vacío, para lo cual se pulsa el centro de la tapa con el dedo. Si al retirar el dedo la tapa regresa a su posición es que el vacío no se ha realizado adecuadamente y hay que consumir el alimento de inmediato. Esta verificación no debe hacerse nunca antes de las 12 horas necesarias para el enfriamiento, porque se podría introducir aire sin querer. Se puede hacer una comprobación adicional que consiste en observar la superficie de la tapa poniéndola a la altura de los ojos. Si la tapa está abombada hacia arriba el tarro no está sellado.

Este método de conservación es válido para alimentos con pH ácido (menor de 4,5) o con alta concentración de azúcar, es decir, mermeladas, jaleas, tomates y encurtidos. Sin embargo no es recomendable para carnes, pescados o legumbres. Los alimentos así conservados pueden aguantar hasta un año si se almacenan en un lugar seco y oscuro, por lo cual conviene etiquetarlos con la fecha de preparado.

Precauciones:

El mayor peligro que presentan este tipo de conservas es la bacteria *Clostridium botulinum*, que posee una toxina causante de la enfermedad del botulismo, que puede conllevar incluso la muerte. Este microorganismo no crece en medios ácidos con un pH inferior al 4,6 ni a temperaturas inferiores a 4ºC.

El tomate y la mayoría de las frutas tienen un pH de alrededor del 4,5 o inferior. Los alimentos con un pH de 4,5 o menor se pueden esterilizar en baño María, pero cuando se realizan preparados donde se añaden cebollas o pimientos por ejemplo, el pH aumenta convirtiéndose en un producto potencialmente peligroso.

Para no tener problemas con esta bacteria, las conservas caseras deben realizarse extremando las medidas de higiene. Es importante escoger vegetales en buen estado y punto óptimo de maduración, y que nunca hayan tocado el suelo o caído de la planta. Es necesario desinfectar los envases y sólo se deben utilizar tarros de vidrio y en perfecto estado.

La toxina botulínica es termolábil, esto quiere decir que se destruye con el calor, sometiéndola a una temperatura de 80ºC durante 30 minutos. Esto implica que las conservas caseras que se utilizan para ser cocinadas conllevan un riesgo mucho menor que aquellas que se consumen tal y como están en el envase, sin ser sometidas a cocción.

SECADO

Un método de conservación empleado desde los albores de la civilización es el secado de los alimentos. Al deshidratar las hortalizas o frutas se elimina gran parte del agua que contienen, de modo que se impide el desarrollo de los microorganismos responsables de su descomposición.

Las verduras más susceptibles de conservarse secas son los tomates, las semillas de judía, y las variedades menos carnosas de pimientos y guindillas. Algunas frutas fáciles de desecar son los albaricoques, las uvas y los higos. Es una forma de conservar los excedentes de estos alimentos que nos proporciona el huerto durante el verano.

Existen varios métodos de secado, tanto al sol directamente como en horno convencional o en horno solar, pero en general los pasos que hay que seguir son los siguientes.

– Seleccionar verduras o frutas de calidad, sin partes estropeadas o demasiado maduras, y limpiarlas bien con agua fría.

– Cortar las piezas elegidas. Si son tomates normales en cuartos, los cherry a la mitad. Los albaricoques también se cortan a la mitad y se deshuesan, mientras que los pimientos, uvas e higos se dejan enteros.

– A continuación, se colocan los trozos sobre una reja de modo que haya espacio entre ellos, para que el aire corra alrededor de cada pieza. Los tomates se pueden dejar tal cual o condimentarlos con sal y hierbas aromáticas.

– Para secar al sol, se colocan las frutas u hortalizas en un lugar soleado tapadas con una mosquitera, pero sin que las toque, para protegerlas de los insectos y los pájaros. El proceso de secado lleva varios días, de tres a siete normalmente, en función de la temperatura y del contenido en humedad de las piezas de partida. Por la noche se pueden guardar en casa para que no se estropee el proceso por el rocío nocturno.

– Para secar al horno, éste se calienta a unos 60ºC, se meten las piezas y se dejan entre 6 y 12 horas, moviéndolas de vez en cuando para favorecer un secado uniforme. Si no logramos ajustar el horno a una temperatura tan baja, se puede dejar la puerta entreabierta, lo que favorece la ventilación. Este método es adecuado para las verduras y frutas que tienen mucha humedad, como tomates o albaricoques.

El secado al sol requiere bastantes horas de exposición y que el tiempo sea seco, por lo que sólo es válido en los meses de verano y climas calurosos. Por otro lado, el secado en horno consume energía, encareciendo el proceso. Una alternativa barata y sostenible es utilizar un horno solar, que es un dispositivo que concentra la luz solar y distribuye el calor hacia las bandejas de secado. Existen multitud de soluciones constructivas, algunas de las cuales incluso almacenan el calor diurno y lo liberan lentamente por la noche para agilizar el proceso. En internet se pueden encontrar diversas guías para construir un secador solar casero.

Nota: En el caso de los higos, conviene escaldarlos previamente al secado en agua hirviendo, y espolvorear harina por encima una vez están secos.

Las hierbas aromáticas se pueden secar fácilmente simplemente extendiendo las hojitas encima de un trapo puesto al sol, o colgando del techo los manojos boca abajo en un lugar seco y oscuro.

CONGELACIÓN

La congelación es un método de conservación de alimentos seguro que permite preservar muchas de sus cualidades.

Las hortalizas más aptas para congelar crudas son guisantes, espinacas, acelgas, habas y cebollas. Antes de congelas estas verduras conviene blanquearlas, es decir, sumergirlas en agua hirviendo durante medio minuto, escurrirlas y ponerlas rápidamente en un recipiente con hielo para que no se sigan cocinando.

Después, se vuelven a escurrir y se meten en el congelador en bolsas de congelado con cierre hermético. Las verduras pequeñas se congelan enteras, pero las grandes como la cebolla, así como las setas, hay que cortarlas antes en rodajas para que no se dañen tanto las fibras al dilatarse el agua que contienen, como resultado de la congelación.

Cualquier otra verdura se puede congelar habiendo sido cocinada previamente, por ejemplo, en purés, fritadas o pistos.

Como curiosidad, se dice que el guisante fue la primera verdura enlatada, y posteriormente, la primera en venderse congelada.

MERMELADAS

Las mermeladas caseras conservadas al baño María son una deliciosa y sana forma de aprovechar los beneficios de la fruta durante todo el año. Pero no sólo la fruta es apropiada para hacer esta conserva, sino que con algunas hortalizas como tomates o guindillas podemos preparar sorprendentes mermeladas.

Mermelada de frutas

Ingredientes:

–1 kg de fruta madura (albaricoque, melocotón, nectarina, ciruela, mora, fresa, frambuesa, higos o cualquier otra)
–Entre 600 g y 800 kg de azúcar (según gustos y acidez de la fruta)
–Zumo de medio limón

Preparación:

Lavar bien la fruta con agua, y quitar los rabitos y los huesos, y picar la fruta en dados pequeños. Poner todos los ingredientes en una cazuela y dejar macerar durante tres horas.

Poner la cazuela a fuego lento y cocer durante unos 40 minutos, removiendo de vez en cuando para que no se pegue al fondo y retirando la espuma. Cuando la mermelada esté lista, si se desea una textura más fina, se puede triturar con la batidora o el pasapurés.

Para conservar la mermelada, los tarros se cierran herméticamente al baño María durante 30 minutos.

Para hacer mermelada de tomate se siguen los mismos pasos, aunque conviene pelarlos, escaldándolos previamente para facilitar el pelado.

DULCE DE MEMBRILLO

Si tenemos un árbol de membrillo en nuestro huerto o jardín podemos hacer delicioso dulce de membrillo de una forma muy fácil. La diferencia de sabor con respecto al comercial es asombrosa.

Ingredientes:

– 1 kg de membrillos maduros
– 600 g de azúcar aproximadamente
– Zumo de medio limón

Preparación:

Lavar los membrillos y ponerlos a cocer cubiertos por agua hasta que se ablanden un poco, momento en el que se sacan del agua, y se dejan enfriar. Una vez ablandados ligeramente, es más fácil pelarlos y quitarles las pepitas.

Se cortan en trozos pequeños y se ponen en la cazuela junto con el azúcar, dejando que maceren unas tres o cuatro horas. Después se cuecen a fuego lento durante dos horas aproximadamente y se tritura todo con la batidora.

Una vez terminada la cocción se rellenan los moldes, que pueden ser tuppers de plástico, y se dejan enfriar a temperatura ambiente. Conviene conservarlos en la nevera, ya que estos envases no se cierran herméticamente.

Nota: el resultado de la cocción adquiere la textura gelatinosa del dulce de membrillo al enfriarse. Si no conseguimos esta consistencia y nos queda una pasta pegajosa, podemos añadir pectina, que es un espesante utilizado en repostería, a mitad de la cocción.

TOMATE FRITO

Ingredientes:

– 2 kg de tomates
– 1 cebolla
– 1 pimiento verde
– 4 dientes de ajo
– 2 cucharaditas de sal
– 1 cucharadita de azúcar
– Medio vaso de aceite de oliva

Preparación:

En primer lugar se pelan los tomates, para lo cual se introducen en agua hirviendo durante cinco minutos. Transcurrido ese tiempo, se sacan, se dejan enfriar y se pelan con mucha más facilidad que si estuvieran crudos. Mientras se enfrían los tomates, aprovechamos para pelar y picar los ajos, la cebolla y el pimiento verde. Todos ellos se rehogan en una cazuela con el aceite y la sal durante unos cinco o diez minutos. Los tomates pelados se trituran con una batidora, y acto seguido se añaden al sofrito junto con el azúcar. La salsa debe cocinarse a fuego lento durante 45 minutos o 1 hora aproximadamente, hasta que quede bien espesa. Conviene remover de vez en cuando para que no se pegue al fundo y tapar la cazuela, ya que el tomate cuece a borbotones ensuciando la cocina.

Una vez terminada la salsa, se puede envasar al baño María para su conservación. Los botes de tomate frito en conserva deben guardarse en la nevera una vez abiertos, y la salsa se debe cocinar en su utilización, sobre todo, si lleva mucha cantidad de cebolla o pimiento.

PEPINILLOS EN VINAGRE

Ingredientes:

– *Pepinos pequeños*
– *2 vasos de vinagre blanco*
– *½ vaso de agua*
– *Sal gorda*
– *Pimienta negra en granos*
– *Estragón*
– *1 cucharada pequeña de azúcar*

Preparación:

Los pepinos, previamente lavados con agua, se colocan sobre una bandeja y se espolvorean con sal gorda. Se dejan macerar unas 12 horas; después se aclaran en agua y se secan bien.

Se pone en una cazuela al fuego el vinagre, el agua, las especias y el azúcar. Una vez alcanzado el punto de ebullición, se baja el fuego y se deja 5 minutos más. Pasado ese tiempo se retira la cazuela del fuego y se deja templar hasta la temperatura ambiente.

Se colocan los pepinos apretados en un bote previamente esterilizado y se añade el preparado anterior, de modo que queden completamente cubiertos.

El encurtido tiene que fermentar durante unas dos semanas, y después debe ser consumido en menos de 15 días. Es recomendable guardarlo en la nevera.

PISTO

Ingredientes:

- *1 calabacín*
- *1 cebolla*
- *1 pimiento rojo o verde*
- *1 berenjena*
- *4 tomates*
- *4 dientes de ajo*
- *2 cucharaditas de sal*
- *1 cucharadita de pimentón (opcional)*
- *Medio vaso de aceite de oliva*

Preparación:

Se pelan y trituran los tomates de la misma forma que para hacer tomate frito. Se cortan el resto de ingredientes en dados pequeños, los calabacines y berenjenas se pueden pelar, aunque si son tiernos es posible dejar la piel. En una sartén, se calienta el aceite a fuego medio y se añade la cebolla, el ajo y la sal, removiendo con una cuchara de palo para que se rehogue todo bien. A los cinco minutos, se incorporan los pimientos y después las berenjenas. Pasados cinco minutos más, echamos los calabacines, y un par de minutos más tarde el tomate triturado. Se tapa la sartén y se deja a fuego lento unos 40 minutos, removiendo de vez en cuando. Cuando la salsa está en su punto, añadimos el pimentón, rectificamos de sal, si es necesario, y apagamos el fuego.

Una vez enfriada la salsa, se puede guardar en tarros y conservar unos días en la nevera. También es posible congelar el pisto, con lo cual aguantará dos o tres meses en perfecto estado.

SALSA PESTO

Ingredientes:

– *50 g de albahaca fresca*
– *4 cucharadas de piñones*
– *100 g de queso parmesano*
– *1 diente de ajo*
– *8 cucharadas de aceite de oliva*
– *Media cucharadita de sal*

Preparación:

Se pela y se pica el diente de ajo. Para quitarle el picor se puede eliminar el rabito verde central. Si se quiere reducir un poco el sabor a ajo y que éste no repita, se puede blanquear antes de picarlo, para lo cual se hierve en agua entero durante tres o cuatro minutos.

Se pone en un mortero la albahaca, la sal, el ajo y una cucharada de piñones, majándolo todo hasta que queda una pasta uniforme. Después, se añade el aceite y el queso rallado.

La salsa se conserva bien en la nevera ya que tiene gran cantidad de aceite. También se puede congelar en un tarro, con cuidado de no llenarlo demasiado, y así ser usada en las épocas en que es difícil encontrar albahaca fresca.

ACEITUNAS ALIÑADAS

Si tenemos uno o dos olivos en nuestra huerta, podemos recoger las aceitunas a principios de otoño y aliñarlas. Las aceitunas no se pueden comer directamente del árbol porque presentan gran amargor y dureza. Para quitar el amargor a las aceitunas hay que ponerlas en un cubo de plástico con agua y cambiar el agua una vez al día. Durante este proceso no se deben tocar nunca con las manos ni con nada metálico, sino con una cuchara de madera. Estarán listas al cabo de un mes aproximadamente, cuando hayan perdido el amargor. Si siguen duras y amargas hay que dejarlas más tiempo en agua.

Antes de pasar a aliñar, es necesario lavarlas bien. Las aceitunas se pueden dejar enteras, o bien machacarlas con una losa para que se rajen. La diferencia fundamental entre las enteras y las machadas es que las primeras se conservan durante más tiempo pero llegan a tener menos sabor mientras que las machacadas hay que consumirlas en menos tiempo pero adquieren un aroma más intenso.

Hay muchos tipos de aliño para aceitunas, pero aquí se proponen dos.

Aliño 1. Ingredientes: ajo entero machacado, pimentón en polvo, cebolla y pimiento en trozos, vinagre, laurel, orégano y tomillo.

Aliño 2. Ingredientes: medio limón, un trozo de cáscara de naranja, hinojo, ajo machacado, laurel y vinagre.

Para aliñar las aceitunas hay que emplear recipientes de cristal o de barro esmaltado. El aliño y las aceitunas se intercalan en capas, terminando siempre con una capa de aliño.

Se deja macerar todo durante 12 horas y luego se cubre con agua con sal y un chorrito de aceite (opcional), se tapa el recipiente y se espera una semana para que cojan sabor. Se deben guardar en la nevera y no dejar pasar mucho tiempo para consumirlas.

ALMACENAMIENTO DE FRUTAS Y VERDURAS

El correcto almacenamiento de frutas y verduras ayuda a facilitar su conservación, y a que podamos disfrutar de ellas en su punto óptimo y durante más tiempo.

La maduración de las frutas y verduras es una ciencia compleja, pero cada vez está más estudiada. En este proceso interviene en muchas ocasiones un gas incoloro e inodoro llamado etileno, que es producido de forma natural por ciertas frutas y verduras denominadas climatéricas. Por el contrario, las plantas no climatéricas no desprenden etileno, pero algunas de ellas sí son sensibles al gas generado por otras especies. Cuando estas hortalizas y frutas no climatéricas entran en contacto con el etileno producido por otras que sí lo son, aceleran su maduración, lo que conduce a una descomposición prematura y a una vida útil mucho más corta.

Almacenando los alimentos que producen etileno en un lugar distinto de aquellos sensibles al mismo se puede alargar la conservación de estos últimos. Asimismo, refrigerar las frutas productoras de este gas en bolsas de plástico perforadas retrasa su maduración y nos permite disfrutarlas por más tiempo. Por otro lado, si lo que queremos es acelerar su maduración, las podemos envolver en papel, de modo que se retiene el etileno que desprenden.

Uno de los efectos más típicos del etileno es la rápida maduración de los plátanos que se colocan junto a las manzanas, causando su ablandamiento y ennegrecimiento. Otros problemas causados por el almacenamiento de alimentos sensibles al etileno junto a verduras o frutas productoras de este gas son:

- Pérdida de color en lechugas.
- Inducción de la germinación de las patatas.
- Endurecimiento de los espárragos.
- Ennegrecimiento de zanahorias.

A continuación se muestra un listado de productos climatéricos y otro de vegetales sensibles al etileno, para almacenar por separado los de uno y otro grupo.

Productores de etileno:
Aguacate, albaricoque, ciruela, higo, kiwi, mango, manzana, melocotón, nectarina, papaya, pera, plátano, tomate.

Sensibles al etileno:
Berenjena, brécol, coles, coliflor, endivia, espárragos, espinacas, guisante, judía verde, lechuga, melón, patata, pepino, pimiento, sandía, zanahoria, calabacín.